Jürgen H. Schmidt

Hilfreiche Prinzipien
der
Bibelauslegung

Ich freue mich über dein Wort
wie einer,
der große Beute macht.

(Psalm 119,162 / LUT)

Jürgen H. Schmidt

Hilfreiche Prinzipien der Bibelauslegung

Bibliografische Information der Deutschen Nationalbibliothek
Die Deutsche Nationalbibliothek verzeichnet diese Publikation in der Deutschen Nationalbibliografie; detaillierte bibliografische Daten sind im Internet über http://dnb.d-nb.de abrufbar.

ISBN 9783741280467

© 2016 Jürgen H. Schmidt

Alle Rechte vorbehalten. Nachdruck, auch auszugsweise, nur mit schriftlicher Genehmigung des Autors.

Verwendete Bibelübersetzungen:
Wenn nicht anders angegeben, folgen die Bibelzitate der Elberfelder Übersetzung (Edition CSV Hückeswagen). © 2010, Christliche Schriftenverbreitung, Hückeswagen.
Andere Übersetzungen und ihre Abkürzungen:
LUT Lutherbibel 1984. © 1985, Deutsche Bibelgesellschaft, Stuttgart.
NeÜ Neue evangelistische Übersetzung, © 2010, Christliche Verlagsgesellschaft, Dillenburg.

Herstellung und Verlag: BoD – Books on Demand, Norderstedt.

Titelbild: Jürgen H. Schmidt

Inhalt

Vorwort	7
1. Die Relevanz von Prinzipien der Bibelauslegung	9
2. Prinzipien der Bibelauslegung	13
2.1. Ein Bibelvers darf nie aus seinem Zusammenhang (Kontext) gerissen werden!	13
2.2. Die Bibel legt sich selbst aus!	22
2.3. Darauf achten, ob bildhafte Rede verwendet wird!	26
2.4. Sorgfältig auf die Wortbedeutung achten!	29
2.5. Die damalige Situation, als der Text geschrieben wurde, beachten!	34
2.6. Auf Schlüsselworte im Text achten!	37
2.7. Vorsichtig mit Zitaten im Bibeltext umgehen!	38
2.8. Historische Berichte auf der Grundlage lehrmäßiger Schriftstellen auslegen!	39
3. Textarten in der Bibel	45
4. Stilmittel in der Bibel	51
Vergleiche	52
Simile	53
Metapher	53
Gleichnis	55
Allegorie	56

Fabel	57
Personifizierung	58
Anthropomorphismus	58
Übertreibung (Hyperbel)	59
Tropus	60
Metonymie	61
Synekdoche	62
Ironie	63
Rhetorische Fragen	64
Euphemismus	65
Passivum divinum	66
Parallelismus	67
Sprichwort	69
5. Die Anwendung	72
5.1. Die Prinzipien der Bibelauslegung beim Bibelstudium anwenden	72
5.2. Einen Bibeltext anwenden	75
Bibliografie	83

Vorwort

Liebe/r Leser/in,

vielleicht kennen Sie die Ratgeberserie *„30 Minuten für ..."*, in der in kurzer Zeit wichtige Informationen zu einem bestimmten Thema in kompakter Form vermittelt werden? Ein ähnliches Anliegen verfolge ich mit diesem Buch (auch wenn Sie für die Lektüre etwas mehr als 30 Minuten benötigen werden). Es soll Ihnen eine kurze und komprimierte Einführung in die wichtigsten Prinzipien der Bibelauslegung geben, die für das bessere Verständnis der biblischen Botschaft hilfreich sind. Die Zielgruppe dieses Buches sind Laien ohne formelle theologische Ausbildung (für Theologen gibt es genügend Fachliteratur, in der diese Thematik ausführlich behandelt wird). Gleichzeitig möchte ich Interesse wecken, sich ausführlicher und intensiver mit dem Thema Bibelauslegung zu beschäftigen. Dazu finden Sie in der Bibliografie eine Auswahl weiterführender Literatur zu diesem Thema.

Insbesondere seit dem Aufkommen der historisch-kritischen Theologie gibt es eine Vielzahl von Sichtweisen der Bibel, die vor allem die Frage nach ihrer göttlichen Inspiration und Vertrauenswürdigkeit betreffen. Ich persönlich glaube daran, dass die Bibel das inspirierte Wort Gottes und damit wahr, zuverlässig und absolut vertrauenswürdig ist. Ich glaube, dass es gute (rationale) Gründe gibt, auch in der heutigen Zeit

an diesem Glauben festzuhalten. William MacDonald nennt einige dieser Gründe in seinem Buch „Ist die Bibel Wahrheit?" und ich empfehle Ihnen die Lektüre, wenn Sie Fragen zur Glaubwürdigkeit der Bibel haben.
Sollten Sie als Leser/in meine theologische Sichtweise und/oder mein Vertrauen in die Bibel (noch) nicht teilen, so hoffe ich, dass Sie trotzdem aus der Lektüre meines Buches wertvolle Impulse für den Umgang mit der Bibel mitnehmen ☺.

Aufbau dieses Buches:
- Das erste Kapitel beschäftigt sich mit der Relevanz von Prinzipien der Bibelauslegung.
- Im zweiten Kapitel werden grundlegende Prinzipien der Bibelauslegung vorgestellt und kurz anhand von Beispielen erklärt.
- Unterschiedliche Textarten und Stilmittel, die in der Bibel vorkommen, sind Themen der Kapitel drei und vier.
- Das fünfte Kapitel beschäftigt sich mit der Anwendung.

Mein besonderer Dank für die Lektüre und Korrektur des Manuskripts geht an Antonie Anton und Janina Schmidt.

Jürgen H. Schmidt

1. Die Relevanz von Prinzipien der Bibelauslegung

Kommunikation ist ein fester Bestandteil unseres täglichen Lebens, sie geschieht mit und ohne Worte. Wir sind sowohl Sender als auch Empfänger von Botschaften. Als Empfänger sind wir herausgefordert, die Botschaft „richtig" zu verstehen. Wir „interpretieren" die empfangene Botschaft anhand gewisser Kriterien (z. B. Wortwahl, Tonfall und Lautstärke, Mimik, Gestik, Kontext, etc.) und „legen aus" was der Sender damit gemeint hat / haben könnte. Immer wieder kommt es dabei zu Fehlauslegungen, u.a., wenn wir meinen, eine Botschaft empfangen zu haben, die vom Sender so nicht beabsichtigt war („imaginierte Botschaften"), oder wenn eine gesendete Botschaft gar nicht bei uns ankommt („verlorene Botschaften").
In der täglichen Begegnung und Kommunikation mit anderen Menschen interpretieren wir kontinuierlich die Bedeutung ihres Redens und Handelns. Wir tun das ganz unbewusst und gebrauchen dazu Kriterien, die wir uns im Laufe unseres Lebens - mehr unbewusst als bewusst - angeeignet haben.
Ähnlich ist es im Umgang mit der Bibel. Dabei spielt es zunächst einmal keine Rolle, ob wir der Botschaft der Bibel Glauben und Vertrauen schenken oder nicht. Jeder, der die Bibel liest, legt sie auch aus. Er „interpretiert" die gelesene Botschaft anhand gewisser Kriterien (Vorannahmen, persönliche, religiöse oder philo-

sophische Anschauungen, Hintergrundwissen, etc.) und „legt aus", was damit gemeint sein könnte. Doch die Frage ist: Hat er die Botschaft „richtig" verstanden? - Nun könnte man einwenden: „Ist das so wichtig, ob er sie „richtig" verstanden hat? Das Entscheidende ist doch, dass er persönlich angesprochen wurde, etwas für sich mitnehmen konnte und es ihm gut getan hat!" Dieser Einwand hat lediglich die subjektive und emotionale („erbauliche") Ebene des Bibellesers im Blick. Doch, was ist, wenn es um wesentlich mehr als gute fromme Gefühle geht? Was ist, wenn ein Mensch in der Bibel wirklich Orientierung und Wegweisung für sein Leben sucht und sich darauf verlässt, dass das, was er gelesen hat, wirklich wahr und vertrauenswürdig ist? Was ist, wenn seine persönliche Zukunft vom „richtigen" Verständnis der Botschaft abhängt?

Vielleicht kennen Sie folgende Anekdote: Es war einmal ein junger Mann, der wollte Gottes Willen erfahren. Also nahm er seine Bibel, schlug sie aufs Geratewohl auf und zeigte mit seinem Finger „zufällig" auf einen Vers und las, was dort stand: *„Und er warf die Silberstücke in den Tempel und machte sich davon und ging hin und erhängte sich."* (Matthäus 27,5). Er war irritiert und fragte sich, wie er das verstehen sollte. Also schlug er eine andere Stelle auf und las dort: *„Geh hin und tu du ebenso."* (Lukas 10,37)

Ein Blick in die (Kirchen-)Geschichte zeigt, dass die Frage, wie wir die Bibel auslegen (und

anwenden) durchaus relevant ist:
- Die Bibel wurde / wird herangezogen, um alle möglichen Ideen zu begründen. Selbst ein Atheist könnte Psalm 14,1 dazu missbrauchen, um seine These zu untermauern - indem er nur den Teil des Verses zitiert in dem es heißt: *„Es ist kein Gott!"*
- Die Christenheit - insbesondere der Protestantismus - ist gespalten in unzählige Denominationen. Bei vielen Spaltungen spielten auch „Lehrmeinungen", die auf unterschiedlichen Auslegungen der Bibel basieren, eine entscheidende Rolle. Wie können wir uns in diesem Dschungel der Auslegungs- und Meinungsvielfalt orientieren? Ist Bibelauslegung etwas rein Subjektives, oder gibt es gewisse objektive Kriterien, an denen man die Korrektheit und Angemessenheit der Auslegung messen kann?
- Im Umgang mit der Bibel gibt es (stark verallgemeinert) zwei Extrempole, die sich gegenüberstehen. Die einen sagen: „Wir müssen *alles*, was in der Bibel steht, wörtlich nehmen!" Die anderen sagen: „Wir dürfen *nichts* wörtlich nehmen, denn alles hat eine (tiefere) symbolische Bedeutung!" Gibt es da vielleicht noch einen anderen Ansatz zwischen den Extremen „alles" und „nichts", der angemessener ist, um die Bibel auszulegen?

Bevor Sie weiterlesen, bitte ich Sie, über folgende Fragen nachzudenken:

- Nach welchen Kriterien interpretieren Sie einen Bibeltext? Geschieht das eher bewusst oder unbewusst?
- Gibt es irgendwelche Prinzipien, denen Sie bewusst folgen, um die Bibel auszulegen? Welche?

2. Prinzipien der Bibelauslegung

In diesem Kapitel werden Sie grundlegende und hilfreiche Prinzipien der Bibelauslegung kennenlernen. Die nachfolgende Zusammenstellung mit ihren erklärenden Ausführungen ist keinesfalls vollständig und erschöpfend; es gäbe noch Vieles, was man ergänzen könnte. Das Ziel ist es, Sie auf wesentliche Punkte, die bei der Bibelauslegung wichtig sind, hinzuweisen und Ihnen Leitfragen an die Hand zu geben, um diese Prinzipien konkret anzuwenden.

2.1. Ein Bibelvers darf nie aus seinem Zusammenhang (Kontext) gerissen werden!

Jede Art der Kommunikation, sowohl in unserem persönlichen Alltag als auch in der Bibel, geschieht in einem bestimmten Zusammenhang bzw. Kontext. Dieser Kontext bildet daher den Rahmen, um eine entsprechende Aussage (oder Handlung) richtig verstehen zu können. Lassen wir diesen Kontext außer Acht, besteht die Gefahr, dass es zu Fehldeutungen kommt. Man kann dies natürlich auch in böswilliger Absicht tun, in dem man z. B. ein Zitat aus der Rede eines Politikers aus seinem Zusammenhang reißt und ihm dann unterstellt, eine Aussage gemacht zu haben, die er aber so nicht beabsichtigt hat. Berücksichtigt man aber den Gesamtzusammenhang der Rede, aus dem das Zitat stammt, dann wird deutlich, wie er die Aussage wirklich gemeint hat!

Im Spanischen gibt es einen schönen Merksatz, der sich reimt (was bei der deutschen Übersetzung leider verloren geht): „Un texto fuera del contexto es un pretexto" - „Ein Text außerhalb seines Zusammenhangs ist ein Vorwand". D. h., wenn man einen Text aus seinem Zusammenhang reißt, dann kann man ihn als Vorwand ge- bzw. missbrauchen, um alles Mögliche damit zu begründen.

Die Berücksichtigung des Kontextes soll uns davor bewahren, biblische Aussagen zu entstellen und entgegen ihrer Absicht zu interpretieren. Ein wichtiges Schlüsselwort für die Bibelauslegung ist der Begriff „Absicht" bzw. „Aussageabsicht". Die echte Bedeutung einer Aussage ist immer die, die vom Schreiber (oder Sprecher) beabsichtigt wurde, und nicht die, die wir aus seinen Worten herauslesen oder gar in seine Worte hinein interpretieren! Wir dürfen also keine Bedeutung in einen Bibeltext hineinlegen, die so nicht beabsichtigt ist. Da die Absicht des Schreibers (oder Sprechers im Bibeltext) eng mit dem Kontext verwoben ist, muss dieser unbedingt berücksichtigt werden!

Im Rahmen der Bibelauslegung gibt es unterschiedliche Arten von Kontext, die man berücksichtigen sollte:
- Der direkte Kontext
- Der erweiterte Kontext
- Der synoptische Kontext (Evangelien)
- Der Kontext innerhalb der Heilsgeschichte

Inwieweit man in der Praxis auf diese unterschiedlichen Arten von Kontext eingeht bzw. sie untersucht, hängt u.a. von der zur Verfügung stehenden Zeit, von der Absicht des Bibellesens (z. B. „Stille Zeit", Bibelstudium, Vorbereitung eines Themas für den Hauskreis) sowie von der bereits erworbenen Bibelkenntnis ab.

Was ist mit der jeweiligen Art von Kontext gemeint? Warum ist er von Bedeutung?

Der direkte Kontext

Der direkte Kontext ist der direkte Zusammenhang, in dem ein Bibelvers oder Bibelabschnitt steht. Dazu gehören einerseits die Bibelverse bzw. der Abschnitt *vor* dem Vers oder Abschnitt, den wir gerade betrachten - es sei denn, wir beginnen gerade die Lektüre eines Bibelbuches in Kapitel 1 Vers 1. Zum direkten Kontext gehören aber auch die Bibelverse bzw. der Abschnitt direkt *dahinter* - sofern wir nicht am Ende des Bibelbuches angelangt sind.

Normalerweise beginnt jedes Buch der Bibel bei Kapitel 1, Vers 1 und entfaltet dann in seinem Verlauf eine Geschichte und/oder einen Gedankengang.[1] Für das Verständnis ist es daher wichtig, den „roten Faden" zu berücksichtigen, der sich durch das jeweilige Bibelbuch hindurchzieht. Daher sollte man beim Lesen/Studieren

---

[1] Ausnahmen von dieser Regel sind z. B. die Psalmen, die als solche in sich abgeschlossen sind, oder das Buch der Sprüche. Das Buch der Sprüche enthält zwar auch eine Einleitung, große Teile des Buches enthalten aber eine Sammlung von Sprichwörtern, die für sich selbst sprechen.

eines Bibeltextes oder einzelnen Bibelverses immer die Abschnitte davor und dahinter ansehen und sich fragen:
- In welcher Weise hilft der direkte Kontext dabei, diesen Bibeltext oder Bibelvers besser zu verstehen?
- Wie entfaltet sich die Geschichte, der Gedankengang oder die Argumentation? Welche Konsequenzen ergeben sich daraus?

Der erweiterte Kontext
Jeder Bibeltext steht nicht nur in einem direkten Kontext, sondern darüber hinaus auch in einem größeren Zusammenhang.
Dieser größere Zusammenhang bzw. erweiterte Kontext betrifft zwei Bereiche:
- Das Buch, in dem der Bibeltext steht.
- Das Lehrthema, das im Bibeltext behandelt wird.

Wie beim direkten Kontext bereits deutlich wurde, wird im Verlauf eines Bibelbuches eine Geschichte und/oder ein Gedankengang entfaltet. So kann man z. B. den Epheserbrief in drei Hauptteile einteilen:
1) Die Stellung des Gläubigen in Christus (1,1 - 3,21)
2) Der angemessene Lebenswandel des Gläubigen (4,1 - 6,9)
3) Der geistliche Kampf des Gläubigen (6,10-24).

Für das richtige Verständnis der nachfolgenden Abschnitte im Brief ist es notwendig zu berücksichtigen, was Paulus in den vorhergehenden Abschnitten geschrieben hat. Seine Aussagen im ersten Hauptteil sind grundlegend, um zu verstehen, warum wir nun auf eine bestimmte Art und Weise handeln und leben sollen. Gleichermaßen sind die Aussagen in den beiden ersten Hauptteilen relevant, um seine Ausführungen zum geistlichen Kampf am Ende des Briefes richtig verstehen und anwenden zu können.

Wenn wir also den erweiterten Kontext eines Bibelverses oder Abschnitts innerhalb seines Bibelbuches untersuchen wollen, müssen wir uns zunächst einen Überblick über das ganze Buch verschaffen. Das Beste wäre es, zuerst einmal das ganze Buch durchzulesen und danach ins Detail zu gehen. Eine Alternative zu dieser Vorgehensweise ist das Betrachten einer Gliederung des Buches, wie sie z. B. in einem Bibelkommentar, Bibellexikon oder Buch zur Bibelkunde zu finden ist.
Anschließend geht es darum, folgende Fragen zu klären:
- Wo ist unser Abschnitt innerhalb des Bibelbuches einzuordnen?
- In welcher Beziehung steht unser Abschnitt zur Gesamtaussage des Buches?

Der erweiterte Kontext betrifft jedoch nicht nur das Verhältnis des Abschnitts zur Gesamtaussage des Buches, sondern auch das jeweilige Lehrthema, das im Bibeltext behandelt wird. Die

Bibel enthält viele Aussagen zur Glaubenslehre[2] (Dogmatik); diese sind jedoch nicht in Form eines systematischen Lehrbuches zusammengestellt, sondern über die ganze Bibel hinweg verstreut. In Epheser 1,4f macht Paulus z. B. Aussagen zur Lehre der Erwählung. Aber nicht nur dort, sondern auch in anderen Briefen behandelt er dieses Thema. Des Weiteren beschäftigen sich auch andere Autoren biblischer Bücher damit. Um ein besseres Verständnis der Lehre zu bekommen, lohnt es sich, die entsprechenden Parallelstellen aufzuschlagen, die im Bibeltext genannt werden, oder eine Konkordanz (bzw. die Konkordanzfunktion einer Computer-Bibel) zu nutzen, um diese zu finden. Dabei sollten wir uns folgende Fragen stellen:

- In welcher Beziehung steht das in unserem Abschnitt behandelte Lehrthema zu anderen Bibelstellen, die dasselbe Thema behandeln?
- Inwieweit helfen die Parallelstellen, die behandelte Lehre besser zu verstehen?

---

[2] Um die Bibel besser verstehen und auslegen zu können, ist es notwendig, sich auch intensiv mit Glaubenslehre (Dogmatik) zu beschäftigen. „Einsteigern" empfehle ich die vierbändige Studienreihe über biblische Lehre von D. Martyn Lloyd-Jones, die im 3L-Verlag erschienen ist (Band 1: Gott der Vater, Band 2: Gott der Sohn, Band 3: Gott der Heilige Geist, Band 4: Gott und seine Gemeinde) sowie „Die Bibel verstehen: Das Handbuch systematischer Theologie für Jedermann" von Charles C. Ryrie (Christliche Verlagsgesellschaft). „Fortgeschrittenen" empfehle ich „Biblische Dogmatik: Eine Einführung in die systematische Theologie" von Wayne Grudem (VKW & Arche Medien).

Der synoptische Kontext (Evangelien)

Das Neue Testament enthält vier Evangelienberichte. Die Berichte von Matthäus, Markus und Lukas sind in ihrem Aufbau und ihrer Erzählstruktur sehr ähnlich, daher werden sie auch die „Synoptiker" oder „synoptische Evangelien" genannt.

Beim Studium eines Abschnitts in den Evangelien sollte man darauf achten, ob dasselbe Ereignis oder dieselbe Lehre Jesu auch von einem anderen Evangelisten berichtet wird (manchmal, aber wesentlich seltener, wird man auch bei Johannes fündig). In vielen Bibelausgaben wird dies in der Überschrift zum jeweiligen Abschnitt angezeigt und auf die entsprechende Parallelstelle verwiesen. Sind Parallelstellen in anderen Evangelien vorhanden, dann lohnt es sich, diese zu lesen und zu vergleichen, wie die anderen Evangelisten darüber berichten. Oft erhalten wir auf diesem Weg zusätzliche und ergänzende Informationen, die uns zum besseren Verständnis des Textes oder der beschriebenen Situation verhelfen.

Bei der Lektüre eines Evangelientextes lohnt es sich zu fragen:

- Gibt es eine Parallelstelle in den anderen Evangelien?
- Welche Gemeinsamkeiten und welche Unterschiede gibt es im Vergleich zu den Parallelstellen?
- Wie könnten sich die Unterschiede begründen lassen?
- In welcher Weise helfen die Parallelstellen zum besseren Verständnis des Textes?

Der Kontext innerhalb der Heilsgeschichte

Die Bibel enthält 66 Bücher, die in einem Zeitraum von etwa 1.500 Jahren geschrieben wurden. Gott gebrauchte dazu verschiedene Autoren, die an verschiedenen Orten und unter verschiedenen Umständen lebten. Gott offenbarte sich selbst und seine Pläne Stück für Stück während dieser Zeit, die als „Heilsgeschichte" bezeichnet wird (und auch zukünftige Ereignisse umfasst, die in der Bibel prophetisch vorausgesagt wurden, wie z. B. die Wiederkunft Christi). Beim Durchlesen der ganzen Bibel von Anfang bis Ende wird deutlich, dass die Erkenntnis über Gott, seine Pläne und sein Wirken zu unserer Errettung im Laufe der Heilsgeschichte immer mehr zunahm („fortschreitende Offenbarung"). Außerdem gab es im Verlauf der Heilsgeschichte immer wieder Veränderungen, die von Gott bewusst herbeigeführt wurden. Sowohl die fortschreitende Offenbarung als auch die Veränderungen im Laufe der Heilsgeschichte müssen bei der Bibelauslegung berücksichtigt werden.

Heilsgeschichtlich gesehen leben wir heute im Zeitalter des „Neuen Bundes" und nicht mehr im „Alten Bund". Der im Alten Testament verheißene Retter ist inzwischen gekommen und hat am Kreuz sein Leben als Sühneopfer gegeben, damit alle, die an ihn glauben, nicht verloren gehen, sondern ewiges Leben haben. Aber nicht nur das. Jesus ist auch auferstanden, in den Himmel aufgefahren und hat an Pfingsten den Heiligen Geist ausgegossen. An jenem Pfingstfest entstand auch die Gemeinde Jesu, die inzwischen nicht mehr nur aus Judenchristen (wie am Anfang in Jerusalem) besteht, sondern zu der inzwischen viele Menschen aus vielen Völkern hinzugekommen sind. Zwischen dem Volk Israel, auf das im Alten Testament (und auch in den Evangelien) der Schwerpunkt gelegt wird, und der christlichen Gemeinde, die ab der Apostelgeschichte in den Vordergrund tritt, bestehen markante Unterschiede. Unter anderem hat die Gemeinde Jesu kein Zentralheiligtum (wie der Tempel in Jerusalem) und es werden in ihr auch keine Tieropfer (wie im Alten Bund) dargebracht.

Aus diesen Gründen ist es notwendig, bei der Auslegung eines Bibeltextes den Kontext innerhalb der Heilsgeschichte zu berücksichtigen. Dazu müssen wir uns Folgendes bewusst machen:

- In welche Epoche der Heilsgeschichte müssen wir unseren Abschnitt einordnen? - Ganz grob können wir zwischen dem Alten und dem Neuen Bund unterscheiden. Dabei müssen wir aber berücksichtigen, dass wir diese beiden großen Epochen nicht grundsätzlich mit dem Alten und dem Neuen Testament gleichsetzen dürfen. Das Alte Testament enthält Teile, die heilsgeschichtlich noch vor dem Bundesschluss mit Israel liegen (1.Mose, Hiob). Außerdem enthält das Neue Testament Teile (in den Evangelien), die heilsgeschichtlich noch vor dem Neuen Bund liegen, der erst mit Jesu Opfertod am Kreuz besiegelt und an Pfingsten mit der Ausgießung des Heiligen Geistes öffentlich bestätigt wurde.
- Weist unser Abschnitt auf eine andere

heilsgeschichtliche Epoche hin? - Manche Bibeltexte weisen auf eine andere heilsgeschichtliche Epoche hin. In vielen Fällen ist der Blick in die Zukunft auf das erste oder auch zweite Kommen Jesu gerichtet. In manchen Fällen ist der Blick auch zurück in die Vergangenheit gerichtet, z. B. wenn Paulus in Römer 4 von Abraham schreibt und die Bedeutung der damaligen Ereignisse für uns heute, im Neuen Bund, hervorhebt.
- Wir selbst, heute, leben in der Zeit des Neuen Bundes! D. h., wir leben *nicht* mehr in der Zeit des Alten Bundes, wir leben aber auch *noch nicht* in der zukünftigen Heilszeit, die mit Jesu Wiederkunft anbrechen wird.

Die Berücksichtigung des Kontextes innerhalb der Heilsgeschichte ist insbesondere für die Anwendung alttestamentlicher Texte relevant, denn wir leben heute in der Zeit des Neuen Bundes. Viele Sekten vermischen den Alten und den Neuen Bund miteinander und kommen auf diese Weise zu ganz abenteuerlichen Lehren. In Peru gibt es z. B. die christliche Sekte der „Israeliten des Neuen Bundes", die u.a. Tieropfer darbringt.

2.2. Die Bibel legt sich selbst aus!

Die Bücher der Bibel wurden nicht nur von menschlichen Autoren aufgeschrieben, sie sind Gottes Wort, inspiriert durch den Heiligen Geist (vgl. 2. Timotheus 3,16f; 1. Petrus 1,10-12; 2. Petrus 1,19-21; Hebräer 3,7ff). Auch wenn die

Bibel insgesamt aus 66 Büchern besteht, sie ist letztlich *ein* Buch mit *einer* einheitlichen Botschaft. Sie ist eine Einheit mit einem roten Faden[3], der sich durch die gesamte Bibel - von Genesis (1.Mose) bis zur Offenbarung - hindurchzieht. Es gibt eine innere Übereinstimmung der Schrift; der Heilige Geist, der sie inspiriert hat, ist der Geist der Wahrheit (Johannes 14,17; 15,26; 16,13), der sich nicht widerspricht! Daher widerspricht sich die Bibel nicht - auch wenn es immer wieder „scheinbare Widersprüche" gibt, die aber bei einer näheren Betrachtung geklärt und aufgelöst werden können.

In der Bibel selbst finden wir immer wieder Hinweise, wie wir bestimmte Aussagen, Symbole etc. verstehen sollen. Daniel 8,1-14 beschreibt eine Vision, in der ein Widder und ein Ziegenbock vorkommen; in Daniel 8,20-21 (direkter Kontext!) wird die Bedeutung der verwendeten Symbole erklärt. Apostelgeschichte 8,32-35 macht deutlich, dass Jesaja 53 von Jesus handelt. Matthäus 1,20-23 weist darauf hin, dass sich die Prophetie in Jesaja 7,14 auf Jesus bezog und durch ihn erfüllt wurde.

Auch wenn es in der Bibel so manche Stelle gibt,

---

[3] Eine Kenntnis dieses „roten Fadens" ist für das Verständnis der biblischen Botschaft sowie für die Bibelauslegung überaus hilfreich und meines Erachtens sogar notwendig. Ich kann folgende Bücher, die dabei helfen diese nötigen Kenntnisse zu vermitteln, sehr empfehlen: Stephen Lonetti: *Roter Faden durch die Bibel*. Betanien, 2015. John R. Cross: *Bist du der Einzige ... der nicht weiß, was geschehen ist?* CMV Hagedorn, 2007. Vaughan Roberts: *Gottes Plan - kein Zufall! Die Bibel im Zusammenhang erklärt*. 3L, 2011.

die schwer zu verstehen ist und über deren Bedeutung sich die Ausleger nicht einig sind, große Teile der Bibel sind klar, deutlich und verständlich. Daher sind klare Schriftstellen auch das erste Hilfsmittel, um unklare zu erhellen. Das bedeutet auch, dass unklare Stellen nicht dazu missbraucht werden dürfen, um die Bedeutung klarer Stellen zu ändern, umzudeuten oder gar zu vernebeln!

Eine Gefahr bei der Bibelauslegung ist, im Detail stecken zu bleiben, eine Bibelstelle isoliert zu betrachten und dabei das Gesamtbild, d. h. den gesamtbiblischen Kontext aus den Augen zu verlieren. Vielleicht kennen Sie das Computerprogramm Google-Earth? Es bietet die Möglichkeit, die Erde vom Weltall aus zu betrachten und dann ganz nah heranzuzoomen, um auch kleine Details (z. B. Hausdach, Swimmingpool im Garten, etc.) zu sehen. Hat man die Details betrachtet, zoomt man wieder weg, um einen größeren Überblick zu bekommen und die Beziehungen zwischen dem betrachteten Ort und der Umgebung wahrzunehmen. Der Wechsel der Perspektive - nah heranzoomen, um die Details zu sehen / wegzoomen, um den Überblick zu bekommen - hilft zu einem besseren Verständnis. Dasselbe gilt auch für die Bibelauslegung: der Perspektivenwechsel hilft uns, die Beziehung zwischen dem einzelnen Bibelvers und dem gesamtbiblischen Kontext nicht aus den Augen zu verlieren.

Beim Behandeln des Kontextes innerhalb der Heilsgeschichte haben wir bereits gesehen, dass

die Bibel eine fortschreitende Offenbarung enthält. Dies führt u.a. zu einer interessanten Wechselbeziehung zwischen dem Alten und dem Neuen Testament:
- Die vorhergehenden Offenbarungen im Alten Testament sind grundlegend, um spätere Offenbarungen verstehen zu können. Sie sind quasi das Fundament, auf das die Botschaft des Neuen Testaments aufbaut. Wir können das Neue Testament ohne das Alte Testament nicht richtig verstehen.
- Im Laufe der Heilsgeschichte wurden viele Dinge aber immer klarer offenbart; wir haben nun „mehr Licht". Von diesem Licht müssen wir auch Gebrauch machen und daher vorhergehende Offenbarungen im Licht der nachfolgenden betrachten. Das bedeutet, dass wir Aussagen des Alten Testaments im Licht des Neuen Testaments betrachten müssen (siehe z. B. den Hebräerbrief).

Zur Anwendung des Prinzips „Die Bibel legt sich selbst aus!" können uns folgende Fragen helfen:
- In welchen Versen oder Abschnitten der Bibel wird dasselbe Thema behandelt?
- Welche Parallelstellen helfen mir zum richtigen Verständnis des Textes?
- Finde ich im Kontext Hinweise, die mir zum richtigen Verständnis des Textes verhelfen?
- Auf welche Stelle im Alten Testament wird in der neutestamentlichen Bibelstelle Bezug genommen?
- Wie ist diese Aussage im Alten Testament im

Licht des Neuen Testaments zu verstehen?

2.3. Darauf achten, ob bildhafte Rede verwendet wird!

Ein großer Streitpunkt bei der Bibelauslegung ist, ob man die Bibel wörtlich oder symbolisch deuten soll. Wenn wir die Prinzipien der Kommunikationslehre anwenden, lässt sich der größte Teil dieses Konflikts entschärfen. Genesis 1,27 lehrt, dass Gott den Menschen nach seinem Bilde schuf. Das beinhaltet u.a. Intelligenz und die Fähigkeit zur Kommunikation. Gott gab dem Menschen die Sprache, damit dieser mit seinesgleichen, aber auch mit seinem Schöpfer kommunizieren kann. Sprache ist nicht das einzige Mittel zur Kommunikation, aber es ist das Hauptmittel, das der Mensch verwendet, um sich verständlich mitzuteilen.

Normalerweise verwenden wir Sprache mit ihrer natürlichen Bedeutung, um das Ziel der Kommunikation zu erreichen. D. h., wir verwenden die Worte der Sprache, in der wir kommunizieren, reihen sie entsprechend den grammatikalischen Regeln, die für diese Sprache gelten, aneinander, und erwarten normalerweise, dass man unsere Worte wörtlich so versteht, wie wir sie gebraucht haben. - Es sei denn, wir geben durch ein Augenzwinkern oder auf eine andere Weise zu verstehen, dass dies nicht der Fall ist (z. B. wenn wir das Stilmittel der Ironie verwenden). Außerdem gibt es in jeder Sprache sogenannte „Stilmittel", um Gedanken und Ideen auf eine besondere Weise auszudrücken. Etwas verallgemeinert ausgedrückt kann man diese Stilmittel auch als „bildhafte Rede" bezeichnen. In unserem Alltag machen wir - meist unbewusst - häufigen Gebrauch von bildhafter Rede und werden in der Regel auch ohne Schwierigkeiten verstanden. Dabei kann es sich z. B. um Redewendungen wie den „Wink mit dem Zaunpfahl" oder um Sprichwörter wie "Wer andern eine Grube gräbt, fällt selbst hinein" handeln. Schwierigkeiten tauchen meist dann auf, wenn jemand die von uns gebrauchten „Bildworte" aus irgendeinem Grund (z. B. aufgrund seines kulturellen Hintergrundes) nicht oder nicht richtig versteht.[4]

Was für unsere Kommunikation im Alltag gilt, gilt auch für die Bibel. Warum sollte Gott, der sich dem Menschen mitteilen will, die Sprache auf eine andere, mysteriöse und unverständliche Weise gebrauchen? Als Gott sich dem Menschen offenbarte, war es sehr wohl seine Absicht, verstanden und „beim Wort genommen" zu werden.

Für die Bibelauslegung bedeutet das, dass wir die Aussagen der Bibel *wörtlich* verstehen sollten - immer, *wenn* es der Text nahe legt! Das bedeutet, wir müssen genau auf den Text achten. Finden wir im Text keine klaren Anzeichen, dass bildhafte Rede verwendet wird, dann sollten wir die Worte

---

[4] Vielleicht reizt es Sie, einmal ein Experiment zu machen? Nehmen Sie dazu z. B. die Redewendung „Du bist schwer auf Draht" - am Besten noch mit Übersetzung in eine andere Sprache - und achten Sie auf die Reaktion Ihres Gesprächspartners.

in ihrer natürlichen wortwörtlichen Bedeutung verstehen. In diesem Zusammenhang wird auch von der „historisch-grammatikalischen Schriftauslegung" gesprochen. Das bedeutet, dass man jedes Wort grundsätzlich entsprechend der Bedeutung interpretiert, die es normalerweise in seinem gewöhnlichen Gebrauch hat. Dazu gehört, dass man sowohl die grammatikalischen Regeln als auch den historischen Hintergrund der jeweiligen biblischen Epoche berücksichtigt (u.a. die damals übliche Rhetorik, der kulturelle Kontext, etc.).

Leider wird der Begriff „wörtlich" oft falsch oder subjektiv verstanden, denn viele verbinden damit die Vorstellung, dass die wörtliche Auslegung bildhafte Rede verbieten würde. Dies ist aber nicht der Fall und damit kommen wir zum nächsten Punkt:

Immer wenn im Text bildhafte Rede verwendet wird, müssen wir diese auch gemäß der jeweils verwendeten Gattung interpretieren, denn nur auf diese Weise kommen wir zu einer richtigen und angemessenen Auslegung. In der Literatur finden wir eine reiche Vielfalt unterschiedlicher Ausdrucksformen und Stilmittel; viele davon wurden bereits in der Bibel verwendet. Ganz allgemein ist zwischen unterschiedlichen „Textarten" und „Stilmitteln" zu unterscheiden. In Kapitel drei werden wir uns näher mit den unterschiedlichen Textarten und in Kapitel vier mit den unterschiedlichen Stilmitteln beschäftigen, die in der Bibel vorkommen.

Um zu erkennen, ob im Text bildhafte Rede verwendet wird, können uns folgende Fragen helfen:
- Ist es möglich, die Aussage in diesem Kontext wörtlich zu verstehen?
- Gibt es einen Hinweis im Kontext, dass es sich um ein Stilmittel handelt?
- Spricht eine andere Lehre der Bibel oder ein anderes biblisches Konzept dagegen diese Aussage wörtlich zu interpretieren?

2.4. Sorgfältig auf die Wortbedeutung achten!

Ein wesentliches Mittel zur Kommunikation sind Worte. Jede Sprache verfügt über einen eigenen Wortschatz. Dieser Wortschatz bietet sowohl individuelle Möglichkeiten, um sich auszudrücken (die von Sprache zu Sprache verschieden sind), gleichzeitig limitiert er aber auch die Ausdrucksmöglichkeiten. Die Bücher des Alten Testaments wurden in Hebräisch und Aramäisch, die Bücher des Neuen Testaments wurden in Griechisch geschrieben. Um die Bibel lesen zu können, müssen wir also entweder die Sprachen lernen, in der sie geschrieben wurde, oder eine Bibelübersetzung verwenden. Die meisten tun zwangsläufig das Letztere.

Wie bereits angedeutet, ist jede Sprache einzigartig in ihrem Wortschatz und in ihren Ausdrucksmöglichkeiten. Das bedeutet, dass Unterschiede zwischen den Sprachen bestehen, was wiederum Auswirkungen auf die Bibelübersetzung und -auslegung hat. Jedes Wort hat seine (Grund-)Bedeutung, aber nicht immer hat es nur eine einzige Bedeutung. Ein Wort kann auch mehrere Bedeutungen oder eine gewisse Bedeutungsbandbreite haben. In diesen Fällen ergibt sich die vom Sprecher oder Schreiber beabsichtigte Bedeutung des Wortes (meist) aus dem Kontext. In Galater 5,22 verwendet Paulus z. B. das griechische Wort „pistis", das u.a. Treue, Zuverlässigkeit, Vertrauen und Glaube bedeutet und in den deutschen Bibelübersetzungen meist mit „Treue" wiedergegeben wird.

Bei der Bibelübersetzung und -auslegung muss also immer wieder danach gefragt werden, was genau mit einem bestimmten Begriff gemeint ist. Das wird dadurch erschwert, dass die Bedeutung oder Bedeutungsbandbreite eines Wortes in der Ursprungssprache (z. B. Hebräisch) nicht immer vollkommen deckungsgleich mit der Sprache ist, in die übersetzt werden soll (z. B. Deutsch). Außerdem kann es vorkommen, dass es für bestimmte Begriffe in der Sprache, in die übersetzt werden soll, kein Wort gibt.[5]

Aus diesen Gründen stoßen wir beim Vergleich verschiedener Bibelübersetzungen immer wieder auf unterschiedliche Begriffe und Übersetzungsvarianten. Dies sollte uns nicht überraschen, sondern vielmehr dazu ermutigen, genauer hinzusehen, um herauszufinden, was sich dahinter

---

[5] Mit dieser Schwierigkeit haben Bibelübersetzer in vielen Teilen der Welt zu kämpfen, insbesondere in Ethnien, die aufgrund ihres kulturellen Umfeldes nicht wissen, was ein Altar, Opfer, Schaf, Kamel etc. ist.

verbirgt.

Ein weiterer Aspekt, der mit der Wortbedeutung zu tun hat, ist, dass sich die Bedeutung eines Wortes im Laufe der Zeit verändern kann. Dies betrifft sowohl unsere eigene Sprache als auch den Gebrauch von Worten in der Bibel. Wenn wir eine ältere Bibelübersetzung in unserer Sprache zur Hand nehmen, dann fällt uns auf (vor allem der jüngeren Generation!), dass darin Worte verwendet werden, die heute nicht mehr (so) gebraucht werden. Damit wächst die Gefahr von Missverständnissen, denn wir verstehen heute unter Umständen etwas völlig anderes unter einem bestimmten Begriff, als die Leute zur Zeit von Martin Luther! Aber auch während des Zeitraums von etwa 1.500 Jahren, in dem die Bücher der Bibel geschrieben wurden, hat sich die Bedeutung mancher Worte verändert. Nehmen wir z. B. das Wort „Israel". Zunächst war Israel der neue Name, den Gott dem Patriarchen Jakob gab (Genesis 32,29). Dann wurde es auch für Jakobs Nachkommen, das Volk Israel gebraucht (Genesis 32,33; Exodus 1,20). Später wurde Israel auch zur Bezeichnung des Landes (Rut 4,7; 1. Samuel 11,3) und des vereinten Königreiches (2. Samuel 5,12; 1.Könige 4,1). Nach Salomos Tod wurde das Königreich in ein Nord- und ein Südreich geteilt. Das Nordreich führte weiterhin den Namen „Israel" (umfasste aber nur noch 10 Stämme; vgl. 1.Könige 12,19.21), während das Südreich den Namen „Juda" erhielt. Wenn wir also in der Bibel das Wort "Israel" lesen, müssen wir genau hinsehen, mit welcher Bedeutung es in dem jeweiligen Kontext gebraucht wird.

Um die Bedeutung eines Bibelverses korrekt zu verstehen, müssen wir also sorgfältig auf die Bedeutung der Worte achten. Da die Bibel ihren ganz eigenen Wortschatz hat, der viele Begriffe enthält, die mitunter ganze (theologische) Konzepte implizieren, brauchen wir in vielen Fällen etwas Hilfe, um die Wortbedeutung richtig zu erschließen. Das wichtigste Hilfsmittel dazu, das meines Erachtens im Bücherregal jedes Bibellesers zu finden sein sollte, ist ein gutes Bibellexikon. Ein Bibellexikon erklärt die Bedeutung biblischer Begriffe und gibt so die nötigen Hintergrundinformationen zum besseren Verständnis. Darüber hinaus gibt es natürlich noch viele weitere Hilfsmittel wie z. B. theologische Wörterbücher oder Begriffslexika zur Bibel.[6]

Die Bedeutung eines Wortes wird auch durch seine grammatikalische Form bestimmt. Insbesondere bei Verben muss darauf geachtet werden, denn es spielt durchaus eine Rolle, welche Zeitform (Vergangenheit, Gegenwart, Zukunft) und welcher Modus gebraucht wird. Ganz allgemein unterscheidet man die drei Verb-Modi „Indikativ" (Wirklichkeit, Realität), „Konjunktiv" (Möglichkeit, Wunsch) und „Imperativ" (Aufforderung,

---

[6] Inwiefern man mit diesen hilfreichen Werkzeugen umgehen kann, hängt u.a. von theologischen Vorkenntnissen sowie der Kenntnis der biblischen Sprachen ab. Die *Elberfelder Studienbibel mit Sprachschlüssel* ist ein sehr nützliches Werkzeug, gerade auch für theologische Laien. Anhand von Nummern gibt sie dem Leser Zugang zu den wichtigsten in der ursprünglichen Sprache verwendeten Worten und erklärt diese im lexikalischen Sprachschlüssel im Anhang der Bibel.

Befehl, Bitte). Immer wieder kommt es vor, dass ein Indikativ in der Bibel zu einem Imperativ „umgedeutet" wird. So wird z. B. der Indikativ *„Ihr seid das Salz der Erde"* (Matthäus 5,13) und *„Ihr seid das Licht der Welt"* (Matthäus 5,14) häufig als Imperativ gedeutet: „Als Christen sollen wir Salz und Licht sein!" - Doch Jesus beschrieb mit diesen Bildworten die geistliche Realität seiner Jünger!

Eine weitere Wortart, deren Bedeutung oft nicht genügend beachtet wird, sind die sogenannten „Konjunktionen" (Bindewörter), z. B. „und", „aber", „sowohl", „wie", „wenn", „damit", „um zu" etc.

Konjunktionen sind von Bedeutung, weil sie die Bedeutung eines Satzes entscheidend mitbestimmen! Konjunktionen dienen z. B. zur Begründung („weil", „da", „daher", „deshalb", „denn") oder um eine Aussage einzuschränken („insofern", „insoweit", „während", „wohingegen"). Sie können auch einen Gegensatz ausdrücken („aber", „jedoch"), etwas erklären („das heißt") und vieles weitere mehr (siehe Duden).

Folgende Leitfragen können uns dabei helfen, sorgfältig auf die Wortbedeutung zu achten:
- Warum gebrauchen die Übersetzer in den vorliegenden Bibelausgaben unterschiedliche Worte, um einen bestimmten Begriff zu übersetzen? Welche Bedeutung ist aufgrund des Kontexts naheliegender?
- Welche Bedeutung haben die im Text

verwendeten biblischen Begriffe? Inwiefern unterscheidet sich diese Bedeutung eventuell davon, was man heute umgangssprachlich darunter versteht?
- Welche Bedeutung hat der Begriff in *diesem* Kontext? (z. B. Israel, Gnade, Erlösung, etc.)
- Welche Zeitform und welchen Modus haben die jeweils im Text verwendeten Verben?
- Welche Konjunktionen werden im Text verwendet? Welche Bedeutung wird mithilfe dieser Konjunktionen zum Ausdruck gebracht?

2.5. Die damalige Situation, als der Text geschrieben wurde, beachten!

Jedes der 66 Bücher der Bibel entstand im Rahmen einer spezifischen geschichtlichen, kulturellen und geografischen Situation. Die damalige Situation ist der Kontext, in dem die Protagonisten im jeweiligen Bibeltext und/oder die ursprünglichen Leser desselben lebten. Lassen wir diesen ursprünglichen Kontext außer Acht und lesen den Text nur aus der Sicht unserer eigenen Kultur mit unseren heutigen religiösen und philosophischen Vorstellungen, dann wird sich uns ein Großteil der Bedeutung entweder nicht erschließen, oder wir werden ihn sogar missverstehen.

Der heutige Bibelleser muss drei Gräben überwinden, die ihn von der damaligen Situation trennen:
- *Den kulturellen Graben*; dazu gehören u.a. die damalige Kultur, ihre Bräuche und

religiösen Vorstellungen.
- *Den historischen Graben*; dazu gehört die jeweilige geschichtliche Situation (u.a. auch die damaligen Großmächte und ihr Einfluss auf Israel).
- *Den geografischen Graben*, d. h. das jeweilige geografische Umfeld der in der Bibel beschriebenen Ereignisse zur damaligen Zeit.

Heutzutage gibt es viele Hilfsmittel, die uns dabei unterstützen, diese Gräben weitgehend[7] zu überwinden. Zu diesen Hilfsmitteln[8] gehören u.a.:
- *Die Bibel*. Wir behandelten bereits das Prinzip „Die Bibel legt sich selbst aus!" In der Bibel finden wir auch eine Vielzahl von Informationen, die uns die jeweilige geschichtliche oder kulturelle Situation erklären. Die Bücher 2. Könige, 2. Chronik, Esra und Nehemia geben uns Einblicke in die geschichtliche Situation zur Zeit der Propheten. Die Apostelgeschichte bildet den geschichtlichen Hintergrund für die meisten Briefe des Neuen Testaments. Immer wieder finden wir im Bibeltext auch wichtige Hintergrundinformationen (z. B. Lukas 20,27; Apostelgeschichte 23,8). Eine Konkordanz zur Bibel hilft dabei, entsprechende Begriffe in der Bibel zu finden.
- *Bibellexikon*. Ein gutes Bibellexikon ist m. E.

---

[7] Ich verwende hier bewusst den Begriff „weitgehend", denn es wird uns nie möglich sein, die ursprüngliche Situation vollständig zu erfassen und diese Gräben ganz zu überbrücken.
[8] Siehe Bibliografie.

das wichtigste Hilfsmittel für Bibelstudium und -auslegung. Es hilft nicht nur, die Bedeutung von biblischen Begriffen besser zu erfassen, sondern es bietet auch eine Fülle an Hintergrundinformationen zu Kultur, Geschichte und Geografie der damaligen Zeit.
- *Kommentare zur Bibel* sind eine weitere Fundgrube, um entsprechende Hintergrundinformationen zu finden. Dabei ist zu beachten, dass jeder Kommentar natürlich stark von der Theologie des jeweiligen Auslegers geprägt ist.
- *Landkarten oder ein Bibelatlas* helfen dabei, die jeweilige geografische Situation auch optisch besser zu erfassen. Das Kartenwerk umfasst normalerweise Landkarten von Israel und den umliegenden Ländern für verschiedene Epochen des Alten Testaments wie z. B. die Zeit der Patriarchen, den Auszug aus Ägypten, die Verteilung des Landes Kanaan unter den Stämmen Israels, die verschiedenen Epochen des (geteilten) Königreichs sowie die Ausdehnung der Weltreiche Assyrien, Babylon, Medo-Persien, Griechenland und Rom. Die Landkarten zum Neuen Testament stellen normalerweise die geografische Situation Israels zur Zeit Jesu sowie die Missionsreise des Apostels Paulus dar.

Beim Studieren eines Bibeltextes empfiehlt es sich, diesen mehrmals aufmerksam zu lesen, um sich einen Überblick zu verschaffen und seinen Inhalt zu erfassen. Dabei sollte man nach entsprechenden Stichwörtern im Text Ausschau halten, welche die Kultur (Religion, Bräuche), Geschichte oder Geografie betreffen. Anschließend geht es darum, die aufgetauchten Fragen zu klären bzw. sich die fehlenden Informationen dazu zu beschaffen.

Folgende Leitfragen können uns dabei helfen, die damalige Situation, als der Text geschrieben wurde, zu beachten:
- Welche kulturelle Prägung hatten die Menschen damals? Welche Relevanz haben die damaligen Bräuche, Denkweisen und Vorstellungen für das Verständnis des Textes? Was verstanden die Menschen damals, als diese Worte (von Mose, den Propheten, Jesus, den Aposteln etc.) an sie gerichtet wurden?
- Wie war die damalige geschichtliche Situation? Welchen Einfluss übte sie auf die Menschen damals aus?
- Wo fand das beschriebene Ereignis statt? Welche Relevanz hat das geografische Umfeld für das Verständnis des Textes?

2.6. Auf Schlüsselworte im Text achten!

In manchen Abschnitten der Bibel kommen bestimmte Begriffe gehäuft vor (z. B. Weisheit, Erkenntnis, Liebe etc.), die Schlüsselworte zum Verständnis des Textes sind. Es lohnt sich auf diese Worthäufungen zu achten, denn sie weisen uns entweder auf das behandelte Thema hin oder sie helfen uns, einen bestimmten Aspekt der behandelten Lehre besser zu erfassen (wie z. B. der Begriff „gerechnet" / „zurechnen" / „zugerechnet" in Römer 4 den Aspekt der aus Glauben „zugerechneten Gerechtigkeit" unterstreicht).

Leitfragen:
- Gibt es irgendwelche Worte, die besonders häufig im Text vorkommen?
- Weisen diese Worthäufungen auf das Thema hin?
- Unterstreichen diese Worthäufungen einen bestimmten Aspekt des behandelten Themas?

2.7. Vorsichtig mit Zitaten im Bibeltext umgehen!

Im Vorwort habe ich erwähnt, dass ich daran glaube, dass die Bibel das inspirierte Wort Gottes und damit wahr, zuverlässig und absolut vertrauenswürdig ist. Das bedeutet aber nicht, dass jede Aussage, die in der Bibel wiedergegeben wird, Gottes Willen widerspiegelt. Die Bibel zitiert die Aussagen vieler Personen. Diese Zitate werden inhaltlich korrekt (wahr, zuverlässig) wiedergegeben; der Inhalt des Zitats ist aber normalerweise die persönliche Auffassung des jeweiligen Sprechers oder Schreibers. Folgende Beispiele sollen das verdeutlichen:
- Genesis 3,4f zitiert die Schlange bei der Versuchung. Inhaltlich ist ihre Aussage eine Mischung zwischen Halbwahrheit und glatter Lüge.

- Das Buch Hiob enthält u.a. die Reden der drei Freunde Hiobs. Diese Reden spiegeln deren persönliche Meinung und Theologie wider. In Hiob 32,7f macht Gott deutlich, dass er mit ihren Aussagen inhaltlich nicht einverstanden ist.
- Apostelgeschichte 23,25-30 zitiert den Brief des römischen Offiziers Klaudius Lysias an den Statthalter Felix. In Vers 27 stellt er die Situation so dar, dass er Paulus aus der Hand der Juden befreite, weil er erfuhr, dass Paulus römischer Bürger war. Aus Apostelgeschichte 22,24-29 wird aber deutlich, dass Klaudius Lysias diese Information erst *nach* der Befreiungsaktion erhielt. Im Brief an den Statthalter stellt er sich selbst als pflichtbewussten Offizier dar, der einen römischen Bürger gerettet hat.

Bevor wir also einen innerhalb der Bibel zitierten Satz auslegen, sollten wir uns immer fragen:
- Handelt es sich um die persönliche Meinung dieser Person?
- Ist es wahr, was diese Person sagt?
- Wie ist die Aussage dieser Person im gesamtbiblischen Kontext zu bewerten? Spiegelt sie wirklich Gottes Willen wider?

2.8. Historische Berichte auf der Grundlage lehrmäßiger Schriftstellen auslegen!

Die Bibel enthält unterschiedliche Textarten (siehe Kapitel 3); dazu gehören auch historische

Berichte, die einen beträchtlichen Teil der Bibel ausmachen. Historische Berichte haben eine erzählende (narrative) Form. Sie beschreiben, was *damals* geschah, wie die Menschen *damals* handelten und wie Gott *damals* in ihre jeweilige Situation hinein sprach und/oder eingriff. D. h., sie geben zunächst einmal eine *konkrete* Situation von *damals* wieder. In vielen Fällen wird dies aber nicht einmal gedeutet oder bewertet, sondern einfach nur dargestellt. Natürlich sollen wir daraus entsprechende Lehren ziehen, aber wie? - Wie sollen wir das berichtete Ereignis verstehen und interpretieren? Welche Schlussfolgerungen und Anwendungen können und/oder sollen wir daraus ableiten? Welche Lehre will es uns vermitteln - und wo legen wir vielleicht zu viel Bedeutung hinein?

Bei der Auslegung historischer Berichte müssen wir sehr behutsam vorgehen und Vorsicht walten lassen, um nicht zu voreiligen Schlüssen zu gelangen.

Eine Gefahr bei der Auslegung historischer Berichte besteht darin, zu verallgemeinern und aus der Erfahrung der Menschen damals vorschnell ein allgemeingültiges Prinzip abzuleiten. Man könnte diese Vorgehensweise etwas salopp so formulieren: „Wenn Du auf dieselbe Weise handelst wie die Gläubigen damals, wirst Du genau dieselben Erlebnisse/Erfahrungen machen bzw. wird Gott genau auf dieselbe Weise handeln und eingreifen!" Dabei vergisst man, dass es sich bei dem jeweils beschriebenen Ereignis um eine spezifische und einmalige Situation handelt, in

der Gott diese spezifische Art von Anweisung gab oder es Gott gut erschien, auf diese konkrete Art einzugreifen. Die beiden folgenden biblischen Beispiele machen deutlich, dass wir Handlungsanweisungen und Erfahrungen in historischen Berichten nicht einfach verallgemeinern dürfen: In 2.Mose 17,6 gebot Gott Mose, an den Fels zu schlagen, um dem Volk Wasser zu geben. Aber in 4.Mose 20,8 gab Gott Mose den Befehl, zum Felsen zu sprechen. In seinem Ärger schlug Mose den Felsen zweimal und interessanterweise „funktionierte" die Methode! - Doch Mose handelte ungehorsam gegenüber Gottes Anweisung mit der Konsequenz, dass er nicht in das verheißene Land einziehen durfte. Während derselben Verfolgung unter Herodes Agrippa I. wurde der Apostel Jakobus getötet und der Apostel Petrus von Gott durch einen Engel befreit (Apostelgeschichte 12,1-17).
Eine ähnliche Gefahr besteht darin, aus einem geschichtlichen Bericht vorschnell eine allgemein verbindliche Verhaltensnorm abzuleiten. Wir behandelten bereits den Kontext innerhalb der Heilsgeschichte und wiesen darauf hin, dass alttestamentliche Texte im Licht des Neuen Bundes ausgelegt werden müssen. Wir finden in den geschichtlichen Texten des Alten Testaments viele konkrete Anweisungen an die Angehörigen des Volkes Israel, die wir heute nicht so auf die Gemeinde anwenden können (z. B. Beschneidung, Opfer, Speisegebote). Aber auch mit den geschichtlichen Texten des Neuen Testaments (Evangelien, Apostelgeschichte) müssen wir

entsprechend vorsichtig umgehen. Aus der Tatsache, dass Jesus am Sabbat Kranke geheilt hat, dürfen wir nicht einfach das Gebot ableiten, dass jeder Christ am Sabbat Krankenbesuche machen muss. Dass die Urgemeinde in Jerusalem Gütergemeinschaft praktizierte (Apostelgeschichte 2,44) begründet noch keine verbindliche Verpflichtung für alle Christen in allen Gemeinden dasselbe tun zu müssen. D. h., dass jemand in der Bibel auf eine bestimmte Art und Weise gehandelt hat, bedeutet nicht automatisch, dass wir ebenfalls immer und genau so handeln müssen!

Ebenso problematisch ist es, Glaubenslehren (Dogmen) aus einem geschichtlichen Ereignis abzuleiten. Dass die Gläubigen in Samaria *damals*, wie in Apostelgeschichte 8,17 berichtet, den Heiligen Geist unter Handauflegung der Apostel Petrus und Johannes empfingen, berechtigt uns noch nicht dazu, eine Lehre zu formulieren die besagt: „Für den Empfang des Heiligen Geistes ist die Handauflegung (durch einen Apostel) nötig!"

Aus den genannten Gründen ist es wichtig, historische Berichte der Bibel auf der Grundlage lehrmäßiger Schriftstellen (dogmatische Texte, die lehren oder erklären) auszulegen und dabei den Kontext innerhalb der Heilsgeschichte zu beachten. Diese lehrmäßigen Schriftstellen finden wir zwar auch in den historischen Büchern des Neuen Testaments (Lehre und Predigt Jesu in den Evangelien, Predigten der Apostel in der Apostelgeschichte), vor allem aber in den Briefen des

Neuen Testaments welche die „Lehre der Apostel" (vgl. Apostelgeschichte 2,42) enthalten. Der Schwerpunkt historischer Berichte liegt auf der *Beschreibung* des Geschehens, der Schwerpunkt lehrmäßiger Stellen liegt auf der *Erklärung*. So beschreiben z. B. die Evangelien, wie Jesus am Kreuz für uns starb, doch erst die Briefe des Neuen Testaments erklären uns in der Tiefe, was Jesu Tod am Kreuz für uns bedeutet.

Das heißt nicht, dass die historischen Berichte der Bibel weniger wichtig oder gar für uns heute irrelevant wären (auch nicht das Alte Testament; vgl. 1.Korinther 10,6.11). Doch die Bedeutung von Ereignissen oder Handlungen kann leichter fehlgedeutet[9] werden, als die Bedeutung lehrmäßiger Aussagen. Um die Bedeutung wichtiger Ereignisse der Heilsgeschichte richtig zu erfassen, sind wir eben auch auf lehrmäßige Schriftstellen - insbesondere die Briefe des Neuen Testaments - angewiesen! Dazu kommt, dass die Gemeinde Jesu Christi zur Zeit der Evangelien noch nicht bestand. Sie entstand erst an Pfingsten durch die Ausgießung des Heiligen Geistes (Apostelgeschichte 2). Der weitere Verlauf der Apostelgeschichte beschreibt zwar die Ausbreitung der Gemeinde Jesu im Römischen Reich und die Gründung vieler Ortsgemeinden, insbesondere durch den Dienst des Apostels Paulus, sie enthält aber relativ wenige Aussagen und Anweisungen zu wichtigen Themen, über die

---

[9] Interessante Beispiele für die Fehldeutung von Handlungen und Ereignissen finden wir in Apostelgeschichte 14,8-15 und 28,3-6.

wir als Christen und Gemeinden dringend Orientierung brauchen, um entsprechend leben und handeln zu können.

Folgende Fragen können uns bei der Auslegung historischer Berichte helfen:
- In welchem Kontext innerhalb der Heilsgeschichte steht der Bibeltext? Wie ist die Geschichte aus der Perspektive des Neuen Bundes zu bewerten?
- In welchem Zusammenhang steht die Geschichte im Bibeltext? Welches Prinzip kommt darin zum Ausdruck? Wird dieses Prinzip auch in anderen Schriftstellen gelehrt? In welcher Weise kann dieses Prinzip auf unsere heutige Situation angewandt werden?
- Ist eine Aussage im Text als normativ (allgemein verbindlich) anzusehen? Wird dies auch durch andere Stellen im Neuen Testament belegt?
- Entspricht es wirklich der Aussageabsicht des Verfassers, eine allgemeingültige Norm, Verhaltensregel oder Handlungsanweisung aufzustellen?

3. Textarten in der Bibel

Im vorhergehenden Kapitel wurde bereits darauf hingewiesen, dass die Bibel unterschiedliche Textarten enthält. Das Ziel dieses Kapitels ist es, einen allgemeinen Überblick darüber zu vermitteln. Das „Buch der Bücher" enthält einen reichen Schatz unterschiedlichster literarischer Formen, die in der Theologie als „Literaturgattungen" bezeichnet werden. Wir wollen der Einfachheit halber aber von „unterschiedlichen Textarten" sprechen.

Die allgemeinste Unterscheidung von Textarten, die es überhaupt gibt, ist die zwischen Prosa (erzählender Text, Alltagssprache) und Poesie (im weiteren Sinn Dichtung, Lyrik, Herzenssprache). Doch ein bewusster Blick auf die in der Bibel enthaltenen Bücher macht bereits deutlich, dass wir es mit wesentlich mehr Textarten zu tun haben!

Das *Alte Testament* besteht aus 39 Büchern, die folgendermaßen kategorisiert werden können:

- *5 Gesetzbücher* (Torah / Pentateuch): 1.Mose bis 5.Mose
- *12 Geschichtsbücher*: Josua bis Ester
- *5 poetische Bücher*, die auch als „Weisheitsliteratur" bezeichnet werden: Hiob bis Hohelied
- *17 prophetische Bücher*, die in 5 „große Propheten" (Jesaja bis Daniel) und 12 „kleine Propheten" (Hosea bis Maleachi) unterteilt werden.

Das *Neue Testament* umfasst 27 Bücher, die folgenden Kategorien zugeordnet werden können:
- *5 Geschichtsbücher:* bestehend aus *4 Evangelien* (Matthäus bis Johannes) sowie der Apostelgeschichte[10].
- *21 Briefe:* Römer- bis Judasbrief
- *1 prophetisches Buch:* Offenbarung

Diese Einteilung ist zwar immer noch recht allgemein, sie gibt uns aber schon eine ungefähre Idee davon, welche Art von Literatur wir (primär) in den einzelnen Büchern der Bibel antreffen werden. Das bedeutet aber nicht, dass historische Berichte ausschließlich auf die Geschichtsbücher beschränkt wären, Poesie nur in den poetischen Büchern und Prophetie nur in den prophetischen Büchern vorkommen würde. Fast jedes Buch der Bibel enthält eine gewisse Mischung unterschiedlicher Textarten.
Folgende Zusammenstellung, die keinesfalls vollständig und erschöpfend ist, gibt Ihnen einen Überblick über unterschiedliche Textarten der Bibel sowie deren Unterkategorien:

Erzählungen und Berichte
- Berufungsberichte, z. B. die Berufung von Abraham, Mose, Jesaja, Jeremia, der Jünger etc.
- Traumerzählungen, z. B. die Träume von Josef

---

[10] Dabei sollten wir beachten, dass es sich beim Lukasevangelium und der Apostelgeschichte eigentlich um ein Doppelwerk desselben Verfassers handelt, das in unseren Bibeln durch das Johannesevangelium künstlich getrennt wird.

(1.Mose 37,6f) oder von Pharao (1.Mose 41,1ff).
- Heilungsberichte, z. B. die Heilung des Naaman in 2.Könige 5 oder die Heilungen durch Jesus im NT.
- Berichte über Naturwunder, z. B. die Plagen beim Auszug aus Ägypten (2.Mose 7,15ff) oder die Stillung des Sturmes durch Jesus (Matthäus 8,24ff).
- Passionsberichte: Jesus Leidensweg und Opfertod am Kreuz in den Evangelien.
- etc.

Reden
- Abschiedsrede, z. B. Moses Abschiedsrede vor seinem Tod (5.Mose 31), Paulus Abschiedsrede an die Ältesten der Gemeinde von Ephesus (Apostelgeschichte 20,17ff).
- Gerichtsrede, z. B. der alttestamentlichen Propheten, die dem Volk Israel Gottes Gericht ankündigen.
- Prophetische Worte, z. B. in den prophetischen Büchern, von Jesus in den Evangelien etc.
- Streitgespräche, z. B. zwischen Jeremia und den falschen Propheten oder Jesus und den Pharisäern.
- Predigten, z. B. von Jesus in den Evangelien oder von Petrus und Paulus in der Apostelgeschichte.
- Gebete (Bitte, Dank, Buße). z. B. von Nehemia, Daniel, Hanna, Jesus etc.

- Bildhafte Worte[11], z. B. Gleichnis, Allegorie, Fabel, Sprichwort etc.

Gesetze und Rechtsordnungen
- Moralgesetz, z. B. ethische Normen wie die 10 Gebote.
- Zeremonialgesetz: Gebote, welche die zeremonielle Reinheit sowie den Opfergottesdienst betreffen, z. B. in 3.Mose.

Briefe
- Abgesehen von den 21 Büchern, die ursprünglich als Briefe an bestimmte Empfänger geschrieben wurden, finden wir auch weitere Briefe in anderen Büchern der Bibel, z. B. Esra 4,7-16; Apostelgeschichte 23,25-30; Offenbarung 2 - 3.
- Charakteristisch für Paulus ist der Aufbau seiner Briefe, der sich in modifizierter Form an die damals üblichen Konventionen anlehnt. Das sogenannte „hellenistisch-paulinische Briefformular" bestand normalerweise aus folgenden Teilen: 1) Die Briefeinleitung, die mit einem „Präskript", d. h., der Nennung von Absender, Empfänger und Gruß beginnt. Daran schließt sich das „Proömium" an, das Danksagung und Fürbitte sowie eine Überleitung zum Hauptteil enthält. 2) Der Hauptteil des Briefes, in dem das Thema entfaltet wird. Dabei kommen verschiedene

---

[11] Bei diesen bildhaften Worten handelt es sich auch um sprachliche Stilmittel. Wir werden in Kapitel 4 nochmals darauf zu sprechen kommen und sie dort näher betrachten.

Stilmittel und Textarten zum Einsatz (z. B. Hymnus, Doxologie, ermahnende Kataloge, Bekenntnisformeln). 3) Der Briefschluss mit persönlichen Hinweisen, Grüßen und einem Segenswunsch.

Lieder
- Psalmen: Der Psalter war das Liederbuch Israels!
- Hymnen, z. B. der Christushymnus in Philipper 2,6ff
- Danklieder, z. B. das Lied des Mose in 2.Mose 15.
- Klagelieder: im Buch „Klagelieder" aber auch in anderen Büchern der Bibel, wie z. B. Davids Klagelied über Saul und Jonathan (2.Samuel 1,17ff).
- Doxologie (Lobpreis), z. B. der Lobpreis der Maria (Lukas 1,46ff); Lobpreis in den Briefen (z. B. Römer 11,33ff; 1.Petrus 1,3ff), Offenbarung 4,8.11.
- Liebeslieder, z. B. das Hohelied.

Listen
- Geschlechtsregister, z. B. in 1.Mose 5,1ff; 10,1ff; 11,10ff; 1.Chronik 1,1ff; Matthäus 1,1ff; Lukas 3,23ff.
- Volkszählungen, z. B. in 4. Mose 1,20ff; 1.Chronik 9,3ff; Nehemia 7,6ff.

Ermahnende Kataloge
- Tugend- und Lasterkataloge, z. B. Kolosser 3,12ff (Tugendkatalog); Römer 1,29ff (Laster-

- katalog).
- Haustafeln (kurze Ermahnungen zu christlich-ethischem Verhalten für verschiedene Personengruppen), z. B. Epheser 5,21 - 6,9.
- Pflichtenkataloge, z. B. 1.Timotheus 3,2ff (Älteste); 1. Timotheus 3,8ff (Diakone); 1.Timotheus 5,9f (Witwen).

Beim Bibellesen sollte man sich immer bewusst machen, mit welcher Textart man es gerade zu tun hat, denn die Unterscheidung der Textarten hilft dabei, einen Text in seiner ursprünglichen *Absicht* besser verstehen zu können.

In poetischen Textabschnitten wird reger Gebrauch von bildhafter Rede gemacht; der Verfasser beabsichtigt nicht, dass wir seine Aussagen wörtlich verstehen. Anders ist dies in einem Prosa-Bericht, der sehr wohl den Anspruch stellt, wörtlich verstanden zu werden!

Bei der Bibelauslegung sollten wir uns daher auch folgende Fragen stellen:
- Mit welcher Art von Text habe ich es zu tun? Handelt es sich um Prosa oder um Poesie?
- Welche Aussage-Absicht des Verfassers ist mit dieser Art von Text verknüpft?

4. Stilmittel in der Bibel

Im vorigen Kapitel haben wir unterschiedliche Textarten, die in der Bibel vorkommen, kennengelernt. Dabei sahen wir, dass ein gewisser Zusammenhang zwischen der Textart und der Aussageabsicht des Verfassers besteht. Des Weiteren wird in der Bibel - in den verschiedenen Textarten - eine Vielzahl von Stilmitteln (Ausdrucksformen, Stilfiguren) verwendet, die oft ganz allgemein als „bildhafte Rede" bezeichnet werden. Hinter dem Gebrauch von Stilmitteln liegt die Absicht, der Rede „Würze zu verleihen", etwas zu veranschaulichen, zum Nachdenken anzuregen und/oder die Aufmerksamkeit zu erregen.

Eines der in Kapitel zwei vorgestellten Prinzipien der Bibelauslegung lautet: „Darauf achten, ob bildhafte Rede verwendet wird!" Denn immer wenn im Text bildhafte Rede verwendet wird, müssen wir diese auch gemäß der jeweils verwendeten Gattung interpretieren, denn nur auf diese Weise kommen wir zu einer richtigen und angemessenen Auslegung. In diesem Kapitel werden wir uns nun konkret mit dem Thema „bildhafte Rede" beschäftigen und verschiedene Stilmittel kennenlernen, von denen in der Bibel Gebrauch gemacht wird. Die Kenntnis der jeweiligen Stilmittel bringt dem Bibelleser einen doppelten Nutzen:

1) Zu erkennen, dass bildhafte Rede bzw. ein Stilmittel verwendet wird.
2) Die mit dem Gebrauch des Stilmittels ver-

bundene Absicht und damit auch die Aussage besser zu verstehen.

Nachfolgende Zusammenstellung, die keinesfalls vollständig und erschöpfend ist, gibt Ihnen einen Überblick über unterschiedliche Stilmittel der Bibel:

Vergleiche
Viele Stilmittel können unter dem Oberbegriff „Vergleiche" („Vergleichsworte") zusammengefasst werden - obwohl sie in der entsprechenden Fachliteratur nicht unbedingt als solche bezeichnet werden. Als „bildhafte Worte" werden sie meist zu den Literaturgattungen (Textarten, siehe Kapitel 3) gezählt; wir behandeln sie aber ganz bewusst hier im Rahmen der Stilmittel.
Ein Kennzeichen von Vergleichen (bildhaften Worten) ist, dass es eine Ähnlichkeit oder einen Vergleichspunkt mit dem verwendeten Beispiel (Illustration, Bild) gibt. D. h., Vergleiche bestehen normalerweise aus drei Elementen:
- Eine *Sache* oder ein *Thema*, das Gegenstand des Gesprächs ist.
- Ein *Beispiel* / eine *Illustration* (Bild) womit die Sache oder das Thema verglichen wird.
- Einen *Vergleichspunkt*: das, was die Sache bzw. das Thema und das verwendete Beispiel gemeinsam haben (Ähnlichkeit).

Um einen Vergleich richtig interpretieren zu können, ist es daher erforderlich, diese drei Elemente richtig zu identifizieren und den

Vergleichspunkt zu verstehen.

Simile

Simile sind Vergleiche, die entweder eine Ähnlichkeit oder einen Kontrast zum Ausdruck bringen.

Die Ähnlichkeit wird durch die Konjunktion „wie" ausgedrückt, z. B. in Jeremia 23,29: *„Ist mein Wort nicht so - **wie** Feuer, spricht der HERR, und **wie** ein Hammer, der Felsen zerschmettert?"* In diesem Vers wird Gottes Wort mit Feuer und mit einem Hammer verglichen (und dabei seine Kraft bzw. Wirksamkeit hervorgehoben).

Der Kontrast im Simile wird durch die Konjunktion „als" ausgedrückt, z. B. in 2.Samuel 1,23: *„Saul und Jonathan, die Geliebten und Holdseligen in ihrem Leben, sind auch in ihrem Tod nicht getrennt; sie waren schneller **als** Adler, stärker **als** Löwen."* In diesem Vers werden Saul und Jonathan mit Adlern und Löwen verglichen. Vergleichspunkte sind die Schnelligkeit des Adlers sowie die Stärke des Löwen. Doch im Vergleich (Kontrast, Gegensatz) zu diesen Tieren waren Saul und Jonathan noch schneller und stärker![12]

Metapher

Die Metapher ist ein Vergleich, bei dem eine Ähnlichkeit zwischen der Sache oder dem Thema sowie der verwendeten Illustration zum Ausdruck

---

[12] Diese Aussage darf in diesem Zusammenhang nicht „streng wissenschaftlich" und wörtlich gedeutet werden. Sie ist Teil eines poetischen Abschnitts, nämlich des Klagelieds von David über den Tod von Saul und Jonathan.

gebracht wird. Im Gegensatz zum Simile sind Metaphern aber direkte Vergleiche ohne den Gebrauch der Konjunktion „wie". In Johannes 10,11 sagt Jesus: *„Ich bin der gute Hirte."* D. h., er vergleicht sich selbst mit einem (guten) Schafhirten; wie er das genau meint, wird im direkten Kontext deutlich (auf den Kontext achten!).

Metaphern werden auch in Redensarten bzw. Redewendungen verwendet. Redewendungen sind kulturabhängig, d. h., sie werden meist nur innerhalb einer bestimmten Kultur gebraucht und verstanden. Ein „Outsider" mag zwar jedes einzelne Wort in der Redewendung verstehen (wenn er die Sprache spricht oder die Redewendung wörtlich für ihn übersetzt wird), er wird aber trotzdem „nur Bahnhof verstehen"! Auch in der Bibel finden wir Redewendungen, so z. B. in Matthäus 18,18: *„Wahrlich, ich sage euch: Was irgend ihr auf der Erde binden werdet, wird im Himmel gebunden sein, und was irgend ihr auf der Erde lösen werdet, wird im Himmel gelöst sein."* Aufgrund unseres eigenen kulturellen Hintergrundes erkennen wir aber meist nicht, dass hier die jüdische (rabbinische) Redewendung vom „Binden und Lösen" gebraucht wird, mit der eine ganz bestimmte Bedeutung verbunden war, nämlich u.a. die Verhängung und Aufhebung des Bannes[13] (Disziplinargewalt; im Kontext des Verses geht es um das Thema „Gemeindezucht").

---

[13] Hermann L. Strack und Paul Billerbeck. *Kommentar zum Neuen Testament aus Talmud und Midrasch.* Bd. I., S. 738f.

Gleichnis
Gleichnisse sind Vergleiche, bei denen Beispielgeschichten zur Illustration eines Themas (Lehre) verwendet werden.
Die Beispielgeschichten stammen aus dem Alltag Israels zur damaligen Zeit; sie könnten sich genau so zugetragen haben, sind aber keine historischen Berichte. Bei der Auslegung eines Gleichnisses ist zu beachten, dass die ganze Beispielgeschichte meist nur eine oder zwei Kernaussagen hat; man spricht daher auch von „eingipfligen" oder „zweigipfligen" Gleichnissen. D. h., wir dürfen ein Gleichnis nicht allegorisieren und in jedes Detail der Geschichte eine Bedeutung hineinlesen, sondern wir müssen die Kernaussage(n) des Gleichnisses herausfinden. Dazu ist es notwendig, den Kontext zu beachten, denn der direkte Kontext des Gleichnisses enthält oft den Schlüssel, um die beabsichtigte Bedeutung des verwendeten Gleichnisses zu verstehen. Z. B. in Lukas 15,1-2 wird berichtet, wie die Zöllner und Sünder zu Jesus kamen, um ihn zu hören. Die Pharisäer und Schriftgelehrten waren darüber alles andere als erfreut und sagten: *„Dieser nimmt Sünder auf und isst mit ihnen."* Auf diesen Vorwurf antwortete Jesus mit drei Gleichnissen:
1) Das Gleichnis vom verlorenen Schaf (Lukas 15,3-7) - ein eingipfliges Gleichnis, das die Freude über die Umkehr eines Sünders zum Ausdruck bringt.
2) Das Gleichnis vom verlorenen Groschen (Lukas 15,8-10) - ebenfalls ein eingipfliges Gleichnis, das die Freude betont.

3) Das Gleichnis vom verlorenen Sohn (Lukas 15,11-32) - ein zweigipfliges Gleichnis, das bei der ersten Kernaussage die Barmherzigkeit des Vaters und dessen Freude über die Rückkehr des verlorenen Sohnes zum Ausdruck bringt, und dessen zweite Kernaussage die Unbarmherzigkeit des älteren Bruders ans Licht bringt, der sich eigentlich auch über die Umkehr und Rückkehr seines jüngeren Bruders freuen müsste. Bei diesem Gleichnis liegt die Hauptbetonung auf dem zweiten Gipfel, denn Jesus antwortet damit direkt auf das unbarmherzige Verhalten der Pharisäer und Schriftgelehrten, die murrten anstatt sich über die Umkehr von Zöllnern und Sündern zu freuen.

Allegorie

Das Stilmittel der Allegorie hat gewisse Ähnlichkeiten mit der Metapher, denn es handelt sich dabei um direkte bildhafte Vergleiche. Dabei beschränkt sich der Vergleich aber nicht nur auf einen Punkt, sondern er ist wesentlich komplexer. Eine Möglichkeit ist, dass allen Details des gebrauchten Bildes eine Bedeutung zugeschrieben wird. Eine andere Möglichkeit ist, dass eine Beispielgeschichte als Illustration gebraucht wird (wie beim Gleichnis), in diesem Fall aber jedes Detail der Beispielgeschichte eine Bedeutung hat (im Gegensatz zum Gleichnis, wo die ganze Beispielgeschichte eine oder zwei Kernaussagen enthält).

Das „Gleichnis vom vierfältigen Ackerfeld" bzw. „Gleichnis vom Sämann" (Markus 4,3-9) ist streng genommen eine Allegorie. Jesus überlässt die Bedeutung der Details nicht der Fantasie seiner Jünger, sondern er erklärt ihnen, was er jeweils damit meint (Markus 4,14-20).

Auch Prophetien in der Bibel können die Form einer Allegorie haben wie z. B. die Träume Pharaos von den sieben Kühen und den sieben Ähren (1.Mose 41,1-7.17-24) oder der Traum König Nebukadnezars von einem Standbild (Daniel 2,31-35). In beiden Fällen sorgte Gott für die Deutung der Träume bzw. der verwendeten Symbole (1.Mose 41,25-32; Daniel 2,36-45) durch einen seiner Diener. Das ist nicht nur bei den hier gebrauchten Beispielen der Fall, sondern es kommt recht häufig vor, dass in der Bibel gebrauchte Bilder und Symbole auch in der Schrift gedeutet werden. Oft genügt es, im näheren oder weiteren Kontext zu suchen, um einen weiteren Beleg für das Prinzip „Die Bibel legt sich selbst aus!" zu finden.

Fabel

Die Fabel ist eine kurze Beispielgeschichte, in der Tiere oder Pflanzen personifiziert werden. D. h., sie sprechen und handeln so, als ob sie Menschen wären. Eine Fabel wird normalerweise mit einer belehrenden Absicht erzählt; sie dient dem Zweck, eine Moral zu vermitteln.

2.Chronik 25,17 berichtet von der Kriegserklärung Amazjas, des Königs des Südreiches Juda, an Joasch (Joas), den König des Nordreiches Israel. Joasch sandte daraufhin Amazja eine Warnung in Form folgender Fabel: *„Der Dornstrauch auf dem*

Libanon sandte zur Zeder auf dem Libanon und ließ ihr sagen: Gib meinem Sohn deine Tochter zur Frau! Da liefen die Tiere des Feldes, die auf dem Libanon sind, vorüber und zertraten den Dornstrauch." (2.Chronik 25,18) Joasch verglich darin Amazja mit einem Dornstrauch und warnte ihn vor den Konsequenzen seines überheblichen Gebarens (doch dieser wollte leider nicht hören).

Personifizierung

Das Stilmittel der Personifizierung wird nicht nur in einer Fabel gebraucht, es kann auch unabhängig von einer Beispielgeschichte eingesetzt werden. Dabei sprechen und/oder handeln Tiere, Pflanzen oder sogar leblose Dinge, als ob sie ein menschliches Wesen wären - oder es wird von ihnen gesprochen, als ob sie das wären (vgl. Psalm 91,11f). Es können auch abstrakte Substantive wie z. B. der Tod (vgl. 1.Korinther 15,55) personifiziert werden.

Anthropomorphismus

Der Begriff „Anthropomorphismus" ist von den griechischen Begriffen „anthropos" („Mensch") und „morphe" („Form") abgeleitet. Es handelt sich bei diesem Stilmittel um eine Art „Personifizierung", und zwar in dem Sinne, dass Gott menschliche Eigenschaften zugesprochen werden. Gott ist Geist (Johannes 4,24) und erst bei Jesu Menschwerdung nahm (nur) die zweite Person der Dreieinigkeit auch eine menschliche Gestalt (Philipper 2,7) an. Anthropomorphismen finden wir im Alten Testament, vor allem in poetischen Texten wie z. B. „Davids Lied der Befreiung" in dem er u.a. von *„dem Schnauben des Hauchs seiner [Gottes] Nase"* (2.Samuel 22,16) spricht, aber auch in erzählenden Texten (Prosa) wie z. B. 2. Mose 24,10, wo von Gottes „Füßen" die Rede ist. Auch im Neuen Testament wird dieses Stilmittel gelegentlich verwendet, so z. B. in Apostelgeschichte 2,33, wo die „rechte Hand Gottes" (Lutherübersetzung) erwähnt wird.

Übertreibung (Hyperbel)

Wer von dem rhetorischen Stilmittel der Hyperbel Gebrauch macht, der „wirft über das Ziel hinaus". D. h., er übertreibt bewusst; so stark, dass es mitunter schockierend ist. Der Grund dafür ist - wie schon angedeutet - rhetorischer Art. Man möchte damit die Aufmerksamkeit des Hörers bzw. Lesers gewinnen und einen bestimmten Sachverhalt klar und deutlich herausstellen. Jesus hat die Hyperbel immer wieder als Stilmittel verwendet, z. B. in Matthäus 5,30: *„Und wenn deine rechte Hand dir Anstoß gibt, so hau sie ab und wirf sie von dir; denn es ist besser für dich, dass eins deiner Glieder umkomme, als dass dein ganzer Leib in die Hölle komme."* Jesus wollte nicht, dass wir uns selbst verstümmeln (obwohl es Leute gab, die das wörtlich genommen haben), sondern dass wir uns der Ernsthaftigkeit der Sünde bewusst werden und sie in unserem eigenen Leben aufs Äußerste bekämpfen.

In Lukas 14,26 sprach Jesus vom „Hassen" der eigenen Familienangehörigen und des eigenen Lebens. Die Berücksichtigung des gesamtbiblischen Kontextes („Nächstenliebe", „Vater und Mutter ehren") weist uns bereits darauf hin, dass diese Aussage nicht wörtlich gemeint sein kann. Die Neue evangelistische Übersetzung (NeÜ) ersetzt die Hyperbel in diesem Vers, indem sie die Bedeutung der Aussage Jesu folgendermaßen wiedergibt: *„Wenn jemand zu mir kommen will, muss ich ihm wichtiger sein als sein eigener Vater, seine Mutter, seine Frau, seine Kinder, seine Geschwister und selbst sein eigenes Leben; sonst kann er nicht mein Jünger sein."*

Tropus

Ein weiterer *Oberbegriff* für eine bestimmte Gruppe sprachlicher Stilmittel ist der „Tropus" (Plural: „Tropen"). Dazu gehören die *Metapher* (die wir bereits im Rahmen der Vergleiche behandelt haben), die *Metonymie*, die *Synekdoche* sowie die *Ironie* (die wir als Nächstes mit entsprechenden Beispielen besprechen werden). Die *Hyperbel* wird sprachwissenschaftlich unter die sogenannten „Sekundärtropen" gezählt.

Das Kennzeichen eines Tropus ist, dass der ursprüngliche Ausdruck durch einen anderen *ersetzt* wird, der zu einem anderen Bedeutungsfeld gehört. Nicht immer ist es leicht, die unterschiedlichen Stilmittel voneinander abzugrenzen, denn die Grenzen zwischen der Metapher und der Metonymie, aber auch zwischen der Metonymie und der Synekdoche sind fließend. Seien Sie daher nicht frustriert, wenn es Ihnen schwerfällt, einen Tropus seiner genauen

Kategorie zuzuordnen! Das Entscheidende ist, dass Sie bemerkt haben, dass ein Stilmittel verwendet wird und sie verstehen, was mit dem jeweiligen Begriff gemeint ist.

Metonymie
Bei der Metonymie ("Mitbenennung", „Namenvertauschung", „Begriffsvertauschung") wird ein Begriff durch ein anderes Wort ersetzt. Das Wort, das stattdessen verwendet wird, steht mit dem ersetzten Begriff in einem sachlichen Zusammenhang.
Diese „Begriffsvertauschung" kann auf unterschiedliche Arten geschehen, z. B. indem die Ursache für die Wirkung (oder umgekehrt), der Stoff für das Produkt, das Gefäß für den Inhalt oder ein abstrakter Begriff für die Konkretion genannt wird.
Beispiele: *„Sie haben Mose und die Propheten; mögen sie auf diese hören."* (Lukas 16,29) In diesem Vers geht es nicht um Mose und die Propheten als Personen, sondern sie werden anstelle ihrer Schriften (des Alten Testaments) genannt. *„Und die Erde war verdorben vor Gott, und die Erde war voll Gewalttat."* (1.Mose 6,11). Hier wird die Erde anstelle ihrer Bewohner genannt, denn diese handelten verdorben und gewalttätig. *„Und Abraham antwortete und sprach: Sieh doch, ich habe mich erkühnt, zu dem HERRN zu reden, und ich bin Staub und Asche."* (1.Mose 18,27) Abraham spricht hier vom Stoff („*Staub und Asche*"), um damit auszudrücken, dass er nur ein vergänglicher Mensch ist.

Synekdoche

Beim Stilmittel der Synekdoche („Mitverstehen") wird der eigentliche Begriff durch einen anderen ersetzt, der zwar eine ähnliche, aber keine identische Bedeutung hat. Das Wort, das stattdessen verwendet wird, stammt aus demselben Begriffsfeld. Es kann eine engere oder weitere Bedeutung haben, es kann aber auch ein Ober- oder Unterbegriff des zu ersetzenden Wortes sein.

Es werden u.a. die beiden folgenden Formen der Synekdoche unterschieden:

- **Pars pro toto** („ein Teil für das Ganze"): D. h., ein Teil der Sache steht für das Ganze bzw. das Ganze wird durch ein Teil ersetzt. Beispiele: *„Es ist aber leichter, dass der Himmel und die Erde vergehen, als dass ein Strichlein des Gesetzes wegfalle."* (Lukas 16,17) Das „Strichlein des Gesetzes" steht als Teil für das ganze Gesetz. *„Unser tägliches Brot gib uns heute."* (Matthäus 6,11; LUT). Das „Brot" steht als Teil für die „Nahrung"; d. h., der Unterbegriff ersetzt den Oberbegriff.
- **Totum pro parte** („Ganzes für einen Teil"): D. h., das Ganze steht für einen Teil der Sache bzw. das Teil wird durchs Ganze ersetzt. Beispiele: Im Missionsbefehl nach Markus 16,15 sagt Jesus: *„Geht hin in die ganze Welt und predigt der ganzen Schöpfung das Evangelium."* Das bedeutet nicht, dass auch Pflanzen und Tieren etc. das Evangelium verkündigt werden soll, sondern „die Schöpfung" als Ganzes wird hier anstelle der

„Menschheit" (Teil der Schöpfung) genannt.[14] *„Es geschah aber in jenen Tagen, dass eine Verordnung vom Kaiser Augustus ausging, den ganzen Erdkreis einzuschreiben."* (Lukas 2,1) Der „ganze Erdkreis" repräsentiert in diesem Vers nur das Gebiet, das unter römischer Herrschaft stand, bzw. die Provinzen des Römischen Reiches, in denen die Volkszählung auch tatsächlich durchgeführt wurde. *„Israel sandte Boten zum König von Edom und ließ ihm sagen: Lass mich doch durch dein Land ziehen!"* (Richter 11,17) Es war nicht das ganze Volk Israel (das hier genannt wird), das Boten ausgesandt hat, sondern nur Mose (als Teil bzw. Anführer des Volkes, vgl. 4.Mose 20,14ff).

Ironie

Beim Gebrauch des Stilmittels der Ironie „verstellt" sich der Sprecher, indem er mit den gebrauchten Worten genau das Gegenteil dessen sagt, was er eigentlich meint. Man könnte auch sagen, er ersetzt den ursprünglichen Begriff durch das Gegenteil. In der Regel geschieht dies so, dass der Empfänger der Botschaft sehr wohl begreift, dass die Aussage nicht wörtlich, sondern ironisch gemeint ist. Der Sender der Botschaft kann dies z. B. durch seinen Tonfall, den Gesichtsausdruck oder auf eine andere Weise zum Ausdruck

---

[14] Der Vergleich mit Matthäus 28,19 („*Geht nun hin und macht alle Nationen zu Jüngern...*") macht deutlich, dass sich „alle Schöpfung" auf die „ganze Menschheit" bezieht. D. h., allen Menschen, unabhängig von ihrer Volkszugehörigkeit, soll das Evangelium verkündigt werden.

bringen. Manchmal genügt es bereits, wenn man die betreffende Person und ihre Meinung zu dem artikulierten Thema gut kennt. Beim Bibellesen ist es nicht immer einfach, eine ironische Aussage als solche zu identifizieren, insbesondere wenn die nonverbalen Bestandteile der Kommunikation (Tonfall, Gestik, Mimik) im Text nicht explizit mitkommuniziert werden. Kennt man jedoch den kulturellen und/oder historischen Hintergrund einer Situation, kann eine Ironie leichter als solche identifiziert werden. In Sacharja 11,12-13 wird prophetisch angedeutet, dass der Herr Jesus für dreißig Silberlinge (Schekel Silber) verraten werden würde. In Vers 13 spricht Gott *„Wirf ihn dem Töpfer hin, den herrlichen Preis, dessen ich von ihnen wert geachtet bin!"* Gemäß dem mosaischen Gesetz (2.Mose 21,32) betrug der Schadensersatz, der für einen getöteten Sklaven bezahlt werden musste, dreißig Schekel Silber. Damit wird deutlich, dass der „herrliche Preis" und die „Wertschätzung", von der Gott in Sacharja spricht, ironisch gemeint ist. Denn der Messias war den führenden Leitern des Volkes Israel nicht mehr wert, als ein getöteter Sklave!

Rhetorische Fragen
Normalerweise werden Fragen mit der Absicht gestellt, eine Information zu erbitten. Man kann Fragen jedoch auch als sprachliches Stilmittel verwenden, um etwas Bestimmtes auszudrücken. Diese Art von Fragen, die nicht der Informationsbeschaffung dienen, werden als rhetorische Fragen bezeichnet. Als Jesus in Lukas 7,44 den

Pharisäer Simon, in dessen Haus er zu Gast war, fragte: „*Siehst du diese Frau?*", da erwartete er keine Antwort, denn das war offensichtlich. Der Zweck der Frage war es vielmehr, die Aufmerksamkeit auf die Taten der Frau zu lenken, die ein Ausdruck ihrer Liebe zu Jesus waren. Wenn Paulus im Römerbrief immer wieder fragt: „*Was sollen wir nun (hierzu) sagen?*" (Römer 6,1; 7,7; 8,31), dann stellt er diese Fragen nicht aus Ratlosigkeit und in der Hoffnung, dass ihm die Leser einen Antwortbrief schreiben. Er gebraucht eine rhetorische Frage, um in seiner Argumentation bzw. seinem Gedankengang fortzufahren.

Euphemismus
Vom Stilmittel des Euphemismus wird Gebrauch gemacht, wenn man etwas auf eine beschönigende, mildernde oder verschleiernde Weise ausdrücken möchte. So werden z. B. anstoßerregende Begriffe durch harmlosere ersetzt: „*... und er erkannte sie nicht, bis sie [ihren erstgeborenen] Sohn geboren hatte ...*" (Matthäus 1,25). Statt „Geschlechtsverkehr" wird hier der Begriff „erkennen" verwendet. „*Und er kam zu den Kleinviehhürden am Weg, wo eine Höhle war, und Saul ging hinein, um seine Füße zu bedecken ...*" (1.Samuel 24,4) In diesem Vers ist „seine Füße bedecken" eine Umschreibung für „zur Toilette gehen" bzw. „seine Notdurft verrichten" (auch in unserem Sprachgebrauch verwenden wir meist einen Euphemismus für diese Tätigkeit).
Euphemismen werden auch gebraucht, um über

ein emotional aufwühlendes Thema auf sensible Weise zu sprechen, wie z. B. wenn der Begriff „entschlafen" (1.Korinther 7,39; 11,30; 15,6.18.20.51) anstelle von „verstorben" verwendet wird.

Passivum divinum

Das Passivum divinum („göttliches Passiv") wird sehr häufig in der Bibel verwendet. Dies hat theologische Gründe: Das 3. Gebot (nach reformierter Zählung) verbietet den Missbrauch des Gottesnamens (2.Mose 20,7). Aus diesem Grund haben die Israeliten, wenn möglich, den Gottesnamen vermieden. In der Septuaginta, der griechischen Übersetzung des Alten Testaments, wurde der Gottesname Jahwe durch das Wort „Kyrios" (Herr) ersetzt. Auch in den meisten deutschsprachigen Bibelausgaben wird der Gottesname mit „HERR" wiedergegeben. Auch das Passivum divinum war ein Mittel zur Vermeidung des Gottesnamens. Man gebrauchte einfach die grammatikalische Passiv-Form und ließ den Namen des handelnden Subjekts weg. Dass Gott der Handelnde ist, wird dabei implizit vorausgesetzt und ist wesentlicher Bestandteil der Aussageabsicht. Beispiele: *„Und so tue der Priester Sühnung für sie, und es wird ihnen vergeben werden."* (3.Mose 4,20) - d. h., Gott wird ihnen vergeben. *„Glückselig die Trauernden, denn sie werden getröstet werden."* (Matthäus 5,4) - Gott ist derjenige, der sie trösten wird. *„Darum, liebe Brüder, bemüht euch desto mehr, eure Berufung und Erwählung festzumachen.*

Denn wenn ihr dies tut, werdet ihr nicht straucheln und so wird euch reichlich gewährt werden der Eingang in das ewige Reich unseres Herrn und Heilands Jesus Christus." (2.Petrus 1,10-11; LUT) - Gott ist es, der den Eingang gewährt.

Parallelismus

Das Stilmittel des Parallelismus ist das herausragende Kennzeichen der hebräischen Poesie. Der Parallelismus wird aber nicht nur in den poetischen Büchern oder in der Weisheitsliteratur gebraucht, sondern auch in anderen Büchern des Alten Testaments (z. B. die Propheten) und auch im Neuen Testament.

Der Begriff „Parallelismus" weist auf die Parallelordnung der Zeilen oder Glieder eines Verses hin, zwischen denen auch eine bestimmte inhaltliche Beziehung besteht. Leider geht diese Parallelordnung manchmal im Druckbild der vorliegenden Bibelausgabe (fehlender Platz, Spalten) unter.

Im Allgemeinen werden drei Grundformen des Parallelismus unterschieden: 1) Der synonyme, 2) der antithetische und 3) der synthetische Parallelismus.

1) Beim **synonymen Parallelismus** wird die Aussage der ersten Verszeile in der folgenden wiederholt; dabei werden aber andere, synonyme Begriffe verwendet. D. h., es liegt eine inhaltliche Entsprechung bzw. Übereinstimmung in der Aussage der beiden Verszeilen vor.

„Wenn ich anschaue deine Himmel, deiner Finger Werk,
den Mond und die Sterne, die du bereitet hast."
(Psalm 8,4)

In diesem Beispiel werden die Begriffe „Mond" und „Sterne" synonym zu „Himmel" verwendet; ebenso sind die Worte „die du bereitet hast" synonym zu „deiner Finger Werk".

2) Beim *antithetischen Parallelismus* drückt die Wiederholung einen inhaltlichen Gegensatz oder Kontrast aus.

„Ein weiser Sohn erfreut den Vater,
aber ein törichter Sohn ist der Kummer seiner Mutter."
(Sprüche 10,1)

Hier wird die Weisheit der Torheit gegenübergestellt. Der Kontrast wird dadurch verstärkt, dass bei der Wiederholung das Wort „erfreut" durch „der Kummer" und „Vater" durch „Mutter" ersetzt wird. Außerdem weist hier die Konjunktion „aber" auf den Gegensatz hin.

3) Beim *synthetischen Parallelismus* wird der in der ersten Verszeile begonnene Gedankengang in der/den folgenden fortgesetzt. D. h., es kommt zu einer inhaltlichen Weiterführung oder Steigerung des Gedankens.

„Wodurch wird ein Jüngling seinen Pfad in Reinheit wandeln?
Indem er sich bewahrt nach deinem Wort."
(Psalm 119,9)

In diesem Beispiel besteht die Fortsetzung des

Gedankengangs in der Antwort auf die Frage in der ersten Verszeile.

Der Anschaulichkeit halber haben wir diese drei Grundformen des Parallelismus jeweils separat betrachtet. In der Praxis können aber in demselben Textabschnitt (z. B. Psalm 119; Matthäus 6,19-21) gleichzeitig alle drei Arten bunt gemischt und nebeneinander vorkommen.

Sprichwort
Sprichwörter finden wir in der Bibel vor allem im Buch der Sprüche (Weisheitsliteratur), sie werden aber auch im Neuen Testament zitiert. Außerdem vermittelte Jesus seine Lehre auch in Form von Sprichwörtern (z. B. Matthäus 7,6).
Ein Sprichwort oder Spruch fasst eine Lebensweisheit mit wenigen Worten zusammen. Dies geschieht auf eine Weise, die Aufmerksamkeit erregt und die leicht im Gedächtnis haften bleibt.
In der Kürze liegt die Würze eines Sprichworts - aber eben auch seine Begrenztheit. Denn ein Sprichwort kann nur *einen* Aspekt des Themas behandeln. Daher ist die darin weitergegebene Lebensweisheit auch nicht allumfassend, sondern ergänzungsbedürftig.
Sprüche haben eine poetische Form; dabei wird vom Parallelismus Gebrauch gemacht.
Bei der Auslegung und Anwendung eines Sprichworts sollte man folgende Richtlinien beachten:
- Sprüche sind keine Verheißung oder Garantie! Sprüche drücken allgemeine Wahrheiten aus

(was im Normalfall zu erwarten ist), aber es gibt zuweilen auch Ausnahmen. In Sprüche 10,27 heißt es: *„Die Furcht des HERRN mehrt die Tage, aber die Jahre der Gottlosen werden verkürzt."* Dies ist eine allgemeine Wahrheit; das bedeutet aber nicht, dass jeder Gottesfürchtige ein fortgeschrittenes Alter erreicht oder dass jeder Gottlose bereits früh stirbt.

- Ein Sprichwort darf nicht isoliert betrachtet, sondern es muss im Rahmen des (gesamtbiblischen) Kontexts ausgelegt werden. In Sprüche 6,30 lesen wir: *„Man verachtet den Dieb nicht, wenn er stiehlt, um seine Gier zu stillen, weil er hungrig ist."* Diese Aussage darf nicht so ausgelegt werden, dass Hunger ein legitimer Grund für Diebstahl wäre (vgl. 2.Mose 20,15; Epheser 4,28). Der direkte Kontext des Verses macht außerdem deutlich, dass es um das Thema Ehebruch geht. Wer von jemandem bestohlen wird, der Hunger hat, kann ein gewisses Verständnis für die Motivation der Tat aufbringen, auch wenn er sie nicht gutheißen kann. Wer aber Ehebruch begeht, der kann nicht mit dem Verständnis des betrogenen Ehepartners rechnen!

- Ein Sprichwort behandelt nur einen bestimmten Aspekt der Wahrheit; daher muss auch von Fall zu Fall entschieden werden, ob und wie es angewandt werden kann. In Sprüche 26,4-5 werden zwei Sprichwörter nebeneinandergestellt, die sich auf den ersten Blick zu widersprechen scheinen. Doch in

Wahrheit ergänzen sie einander: *„Antworte dem Toren nicht nach seiner Narrheit, damit nicht auch du ihm gleich werdest. Antworte dem Toren nach seiner Narrheit, damit er nicht weise sei in seinen Augen."*
- Der kulturelle und historische Hintergrund des Sprichworts muss beachtet werden, um seine Bedeutung zu verstehen und es in die heutige Zeit übertragen zu können. In Matthäus 7,6 sagte Jesus: *„Gebt nicht das Heilige den Hunden; werft auch nicht eure Perlen vor die Schweine, damit sie diese nicht etwa mit ihren Füßen zertreten und sich umwenden und euch zerreißen."* Um dieses Sprichwort verstehen zu können, muss man u.a. wissen, dass Hunde und Schweine als unreine Tiere galten, die verachtet wurden, und dass Perlen etwas sehr Kostbares waren.

Achten Sie beim Bibellesen also immer darauf, ob Stilmittel im Text verwendet werden. Falls ja, dann interpretieren Sie diese gemäß der jeweils verwendeten Gattung!

5. Die Anwendung

In den vorherigen Kapiteln standen Prinzipien der Bibelauslegung im Vordergrund. Da zur Anwendung dieser Prinzipien gewisse Grundkenntnisse über Textarten und Stilmittel notwendig sind, haben wir uns auch mit dieser Thematik beschäftigt.
In diesem Kapitel soll es nun in einem „doppelten Sinn" um die „Anwendung" gehen:
1. Die Prinzipien der Bibelauslegung beim Bibelstudium anwenden
2. Einen Bibeltext anwenden

5.1. Die Prinzipien der Bibelauslegung beim Bibelstudium anwenden

Prinzipien der Bibelauslegung sollten grundsätzlich beim Bibellesen beachtet und angewandt werden, um dem Text keine Gewalt anzutun. Nicht immer hat man aber die Zeit, sich ausführlich mit einem Bibeltext zu beschäftigen, um in die Tiefe vorzudringen und ein umfassenderes Verständnis zu erlangen. Doch es lohnt sich, sich diese Zeit immer wieder zu nehmen, um die Bibel gründlich zu studieren.
Beim intensiven Bibelstudium geht es zunächst einmal darum, die ursprüngliche Aussageabsicht sowie die Kernaussage des Textes zu verstehen. Denn nur dann, wenn wir diese erfasst haben und begreifen, was die ursprünglichen Hörer bzw. Leser verstanden haben, können wir den Text

auch auf uns heute korrekt anwenden! Aber wie sollen wir dabei vorgehen? Die nachfolgenden Arbeitsschritte helfen dabei, um einen Bibeltext gründlich zu studieren. Denken Sie bei der Ausführung immer an die Anwendung der Ihnen bekannten Prinzipien der Bibelauslegung!

Schritt 1: Den Bibeltext mehrmals gründlich (und betend) lesen!
- Es geht darum zu erfassen, was (wirklich) geschrieben steht.
- Beim Lesen auf die Struktur des Textes achten! Dazu kann es hilfreich sein, den Bibeltext abzuschreiben und dabei durch Einrückungen, Pfeile, Klammern, Unterstreichungen (auch mit Farben) etc. die Struktur bzw. den Aufbau des Textes optisch sichtbar zu machen.

Schritt 2: Verschiedene Bibelübersetzungen miteinander vergleichen und auf Unterschiede bei der Übersetzung achten!

Begleitend zu den Schritten 1 und 2:
- Fragen zum Inhalt des Textes stellen!
  - Regen Gebrauch von den Fragewörtern „wer", „wo", „wie", „was", „wann", „warum", „weshalb", „wozu" machen.
  - Weitere hilfreiche Fragen sind: Wird bildhafte Rede verwendet? Mit welcher grammatikalischen und inhaltlichen Bedeutung werden die Worte gebraucht? Gibt es Worthäufungen oder

Schlüsselworte im Text? Werden Zitate angeführt?
- Sich Notizen zum Text machen! Festhalten, was noch unklar ist und in einem späteren Arbeitsschritt erforscht werden muss!
  - Dies können bestimmte Begriffe, Aussagen im Text, Fragen zur Glaubenslehre (Dogmatik) oder Probleme sein.
  - Dazu gehören auch Fragen, die mit dem geschichtlichen, kulturellen oder geografischen Hintergrund der damaligen Zeit zusammenhängen.

Schritt 3: Den Kontext untersuchen!
- Wie wir in Kapitel 2 (unter 2.1.) gesehen haben, gehört dazu die Untersuchung des direkten Kontextes, des erweiterten Kontextes sowie des Kontextes innerhalb der Heilsgeschichte.
- Wenn es sich um einen Evangelientext handelt, dann sollten wir auch den synoptischen Kontext untersuchen - sofern es Parallelstellen dazu gibt.
- Die Ergebnisse der Untersuchungen sowie weitere auftauchende Fragen notieren.

Schritt 4: Forschen! Nun werden Antworten auf die aufgetauchten (und notierten) Fragen gesucht.
- Den kulturellen, historischen und geografischen Kontext erforschen. Dazu müssen gegebenenfalls Hilfsmittel herangezogen

werden (siehe dazu die Hinweise in Kapitel 2 unter 2.5.).
- Die Textart ermitteln (siehe Kapitel 3) sowie die im Text gebrauchten Stilmittel untersuchen (siehe Kapitel 4). Klären, welche Auswirkungen dies auf das Verständnis des Textes hat.
- Wortbedeutungen erforschen und klären.

Schritt 5: Die Ergebnisse zusammenfassen! Mit eigenen Worten die Aussageabsicht und Kernaussage des Textes formulieren.

5.2. Einen Bibeltext anwenden

Die fünf Arbeitsschritte, die wir soeben kennengelernt haben, sind sehr hilfreich, um einen Bibeltext gründlich zu erforschen und seine Kernaussage zu verstehen. Doch dabei sollten wir nicht stehen bleiben!
Wie gehen wir mit dem um, was wir in der Bibel gelesen und verstanden haben? - Bibellese und -auslegung sind kein Selbstzweck, sondern es geht immer darum, dass wir Gott besser kennenlernen, wir in der Beziehung zu IHM wachsen und unser Leben positiv verändert wird. Manchmal richten wir unseren Blick mehr auf das, was wir in der Bibel (noch) nicht verstanden haben, anstatt anzuwenden, was wir bereits verstanden haben. Manchmal geht es uns vielleicht aber auch so, wie dem amerikanischen Schriftsteller Mark Twain:

„Die meisten Menschen haben Schwierigkeiten mit den Bibelstellen, die sie nicht verstehen. Ich für meinen Teil muss zugeben, dass gerade die Bibelstellen, die ich verstehe, mich unruhig machen."

Im Jakobusbrief werden wir sehr deutlich zur Anwendung aufgefordert: *„Seid aber Täter des Wortes und nicht allein Hörer, die sich selbst betrügen."* (Jakobus 1,22)

Doch, wie kommen wir vom gelesenen, ausgelegten und verstandenen Bibeltext zur Anwendung?[15] Die folgenden Leitlinien können uns dabei helfen:

1) Es gibt direkte und indirekte Anwendungen
In manchen Bibeltexten ist die Anwendung sehr offensichtlich, in anderen muss zunächst einmal danach gesucht werden. Der Grund ist, dass es sowohl direkte als auch indirekte Anwendungen gibt.

Direkte Anwendungen
Diese Anwendungen werden durch Imperative (Befehle) explizit zum Ausdruck gebracht. D. h., der Text enthält eine konkrete Forderung, etwas zu tun (*„Du sollst deinen Nächsten lieben wie dich selbst."*) oder etwas zu lassen (*„Du sollst nicht töten"*).

---

[15] Der Theologe Michael Lawrence hat sich in seinem Buch *„Biblische Theologie für die Gemeinde. Ein Leitfaden für die Anwendung von Gottes Offenbarung"* intensiv mit dieser Frage auseinandergesetzt.

Wenn wir also nach einer Anwendung im Text suchen, dann sollten wir zuerst fragen: Welche Imperative stehen im Text?

Indirekte Anwendungen
Diese Anwendungen werden nicht explizit in der Befehlsform zum Ausdruck gebracht, sondern sie sind implizit im Text enthalten. D. h., sie können indirekt und logisch als Aufforderung zu entsprechendem Handeln abgeleitet werden. Bei diesen indirekten und abgeleiteten Anwendungen kann es sich um Prinzipien, Wahrheiten oder um Vorbilder handeln.
- Prinzipien wollen uns zu weisem Handeln anleiten, z. B. *„Denn was der Mensch sät, das wird er ernten."* (Galater 6,7; LUT)
- Wahrheiten wollen geglaubt werden, z. B. *„Jesus sprach zu ihr: Ich bin die Auferstehung und das Leben; wer an mich glaubt, wird leben, auch wenn er stirbt; und jeder, der lebt und an mich glaubt, wird nicht sterben in Ewigkeit. Glaubst du dies?"* (Johannes 11,25-26)
- Vorbilder geben uns Orientierung zu richtigem Handeln, sie können sowohl positiv als auch negativ sein. Z. B. Josef, der den Verführungskünsten von Potifars Frau widerstand, ist ein positives Vorbild. David, der mit Batseba Ehebruch beging, ist in dieser Hinsicht ein negatives Vorbild, dem man nicht folgen sollte.

Wenn wir nach einer indirekten Anwendung im Text suchen, dann sollten wir folgende Fragen

stellen:
- Gibt es etwas, das der Text indirekt, zwischen den Zeilen, fordert?
- Gibt es ein allgemeingültiges Prinzip, eine theologische Wahrheit oder ein Vorbild, dem ich folgen soll?

Die gefundenen direkten und/oder indirekten Anwendungen sollten daraufhin überprüft werden, ob sie der Aussageabsicht und Kernaussage des Bibeltextes entsprechen. Denn wir sollen weder etwas in den Text hineinlegen (was so nicht ausgesagt ist) noch sollen wir Nebensächlichkeiten in den Mittelpunkt stellen. Die Hauptsache muss immer die Hauptsache bleiben!

2) Die Anwendung muss heilsgeschichtlich eingeordnet und bewertet werden

Nachdem wir direkte oder indirekte Anwendungen im Text gefunden haben, müssen wir herausfinden, ob diese auch heute so gültig sind. Dies gilt insbesondere bei der Anwendung von Texten aus dem Alten Testament. D. h., wir müssen folgende Frage beantworten: Ist die konkrete Forderung (direkte Anwendung) oder die abgeleitete Forderung (indirekte Anwendung) heute in der Gemeinde gültig?

Dazu ist es notwendig, den Bibeltext sowie die daraus entnommene Anwendung im Kontext der Heilsgeschichte zu betrachten (siehe dazu die Erklärungen in Kapitel 2 unter 2.1. zum Thema „Der Kontext innerhalb der Heilsgeschichte").

Wenn wir diese Arbeit bereits im Rahmen des Bibelstudiums (Schritt 3) erledigt haben, dann sollte es uns nicht (so) schwerfallen, zu einer angemessenen Bewertung und klaren Antwort zu kommen. Missachten wir die heilsgeschichtliche Einordnung und Bewertung, dann wiederholen wir den Fehler vieler Sekten, die den Alten und den Neuen Bund miteinander vermischen und so zu ganz abenteuerlichen Lehren und Anwendungen kommen.

3) Die Anwendung auf bestimmte Personengruppen und Lebensbereiche

Das Lebensumfeld der Menschen damals, von denen wir in der Bibel lesen, unterscheidet sich sehr stark von unserem heutigen. Trotzdem ist es möglich, die Botschaft der Bibel heute anzuwenden. Nachdem wir Anwendungen im Bibeltext gefunden und daraufhin untersucht haben, ob sie der Aussageabsicht und Kernaussage entsprechen und ob sie heute in der Gemeinde Gültigkeit haben, sollten wir sie konkret formulieren. Dabei macht es durchaus einen Unterschied, welche Personengruppe und welchen Lebensbereich wir dabei im Blick haben.

Personengruppen:

- Wollen wir den Bibeltext nur auf uns persönlich anwenden? Oder wollen wir den Bibeltext auf bestimmte Personen oder Personengruppen (einzelner Christ, Nichtchrist, Hauskreis, Gemeinde) anwenden?
- Wie ist die konkrete Lebenssituation der

betreffenden Person(en)? Welche Herausforderungen, Nöte, Fragen, Versuchungen etc. hat/haben sie?

Lebensbereiche:
Die Botschaft der Bibel berührt ganz unterschiedliche Lebensbereiche des Menschen. Dazu gehören u. a. die persönliche Beziehung des Einzelnen zu Gott, die Gesellschaft, zwischenmenschliche Beziehungen innerhalb und außerhalb der Familie, der Umgang mit Sexualität, der Umgang mit Geld und Besitz, die christliche Gemeinde etc.
Bei der Formulierung der Anwendung ist daher zu fragen:
- Welche Lebensbereiche betrifft die Anwendung bzw. zu welchen Lebensbereichen passt sie überhaupt?
- Wie sieht die Anwendung für den jeweiligen Lebensbereich konkret aus?

4) Unterschiedliche Arten der Anwendung
Wenn von einer „Anwendung" gesprochen wird, dann denken die meisten an „Aktion", d. h. an konkrete Handlungen oder Handlungsanweisungen. Das ist an sich nicht falsch, aber es ist zu wenig.
Die Beschränkung der Anwendung auf konkrete Handlungsanweisung kann dazu führen, dass man damit beginnt, eine „fromme To-do-Liste" zu erstellen und bald das Gefühl hat, den Ansprüchen („was man als guter Christ alles tun sollte") nicht zu genügen. Dies kann u.a. zu

frommem Aktionismus führen, bei dem man versucht, Punkt für Punkt auf der Liste abzuhaken und dann meint, man hätte seine „religiöse Pflicht" erfüllt.

Wie die folgenden Beispiele zeigen, gibt es eine ganz Reihe unterschiedlicher Arten der Anwendung, die unseren Kopf (das Denken), das Herz (unsere Einstellungen und Emotionen) und/oder die Hände (das Tun, Handeln) betreffen können:

- Etwas tun oder etwas unterlassen, d. h. die konkrete Anwendung von Anweisungen aus dem Bibeltext.
- Etwas glauben, z. B. dogmatische Aussagen im Bibeltext, dass Gott mich liebt, etc.
- Etwas wissen, z. B. Informationen über Jesu Wiederkunft, dass Gott (auch heute noch) Kranke heilen kann, wie wir beten können und dürfen etc. Wichtig: Auch Wissen hat mit der Anwendung zu tun. Nicht immer können oder müssen wir unser Wissen sofort konkret anwenden. Doch wenn wir in eine bestimmte Situation geraten und uns das entsprechende Wissen fehlt, wie wir nun konkret und richtig handeln sollen, dann haben wir ein Problem!
- Etwas dankend annehmen, z. B. dass Jesus am Kreuz unsere Sünde auf sich genommen hat, dass Gott die Gläubigen vor Grundlegung der Welt in Christus erwählt hat etc.
- Gott loben und anbeten. In der Bibel geht es insbesondere um Gott. Viele Aussagen der Bibel wollen uns dahin führen unseren Blick auf Gott zu richten und IHN für seine großen

Taten zu loben und anzubeten (vgl. Psalm 145-150).
- Etwas bewahren, z. B. die Liebe, den Glauben etc.
- Etwas korrigieren, z. B. falsche Haltungen, falsches Denken, negative Verhaltensweisen etc. *„Und seid nicht gleichförmig dieser Welt, sondern werdet verwandelt durch die Erneuerung eures Sinnes, dass ihr prüfen mögt, was der gute und wohlgefällige und vollkommene Wille Gottes ist."* (Römer 12,2)

Bibliografie

Arnold, Bill T.; Beyer, Bryan E.; Elwell, Walter A.; Yarbrough, Robert W.: *Studienbuch Altes und Neues Testament*. R. Brockhaus, 2005.

Beitzel, Barry J.: *Großer Atlas zur Bibel*. SCM R.Brockhaus, 2013.

Carson, Donald A.: *Stolpersteine der Schriftauslegung. Wie man sorgfältig und korrekt mit der Bibel umgeht*. Betanien, 2007.

Cross, John R.: *Bist du der Einzige... der nicht weiß, was geschehen ist?* CMV Hagedorn, 2007.

Fee, Gordon D.; Stuart, Douglas: *Effektives Bibelstudium. Die Bibel verstehen und auslegen*. Brunnen, 2005.

Glashouwer, Willem J.J.: *So entstand die Bibel. Von den Tontafeln über Qumran bis heute*. CLV, 1998.

Guthrie, Donald (Hg.); Motyer, J. Alec (Hg.): *Kommentar zur Bibel. AT und NT in einem Band*. SCM R.Brockhaus, 2016.

Grudem, Wayne: *Biblische Dogmatik: Eine Einführung in die systematische Theologie*. VKW & Arche Medien, 2013.

Kinker, Thomas: *Die Bibel verstehen und auslegen: Ein praktischer Hermeneutikkurs (Theologisches Lehr- und Studienmaterial)*. Verlag für Kultur und Wissenschaft, 2003.

Lawrence, Michael: *Biblische Theologie für die Gemeinde. Ein Leitfaden für die Anwendung von Gottes Offenbarung*. Betanien, 2013.

Lloyd-Jones, D. Martyn: *Gott der Vater: Studienreihe über biblische Lehren Band 1*. 3L, 2000.

Lloyd-Jones, D. Martyn: *Gott der Sohn: Studienreihe über biblische Lehren Band 2*. 3L, 2001.

Lloyd-Jones, D. Martyn: *Gott der Heilige Geist: Studienreihe über biblische Lehren Band 3*. 3L, 2001.

Lloyd-Jones, D. Martyn: *Gott und seine Gemeinde: Studienreihe über biblische Lehren Band 4*. 3L, 2003.

Linnemann, Eta: *Was ist glaubwürdig - Die Bibel oder die Bibelkritik?* VRT, 2007.

Lonetti, Stephen: *Roter Faden durch die Bibel*. Betanien, 2015.

MacDonald, William: *Ist die Bibel Wahrheit?* Betanien, 2009.

Maier, Gerhard (Hg.): *Edition C Bibelkommentar, Neues Testament*. SCM R.Brockhaus, 2013.

Maier, Gerhard: *Das Ende der historisch-kritischen Methode*. Theologischer Verlag Brockhaus, 1975.

Maier, Gerhard: *Biblische Hermeneutik*. SCM R. Brockhaus, 2016.

Mauerhofer, Erich: *Einleitung in die Schriften des Neuen Testaments, Band 1 und 2.* VTR, 2004.

Neudorfer, Heinz W.; Schnabel, Eckhard: *Das Studium des Neuen Testaments, Bd.1. Eine Einführung in die Methoden der Exegese.* SCM R. Brockhaus, 2001.

Rienecker, Fritz; Maier, Gerhard; Schick, Alexander; Wendel, Ulrich: *Lexikon zur Bibel.* SCM R.Brockhaus, 2013.

Roberts, Vaughan: *Gottes Plan - kein Zufall! Die Bibel im Zusammenhang erklärt.* 3L, 2011.

Rowley, H.H.(Hg.): *Atlas zur Bibel.* R. Brockhaus, 1997.

Ryrie, Charles C.: *Die Bibel verstehen: Das Handbuch systematischer Theologie für Jedermann.* Christliche Verlagsgesellschaft, 2015.

Schirrmacher, Thomas (Hg.): *Bibeltreue in der Offensive?! Die drei Chicagoerklärungen zur biblischen Irrtumslosigkeit, Hermeneutik und Anwendung.* Verlag für Kultur und Wissenschaft, 2009.

Sproul, R.C.: *Bibelstudium für Einsteiger. Eine Einführung in das Verstehen der Heiligen Schrift.* Betanien, 2009.

Stadelmann, Helge: *Evangelikales Schriftverständnis. Die Bibel verstehen - Der Bibel vertrauen.* jota Publikationen, 2006.

Stadelmann, Helge; Richter, Thomas: *Bibelauslegung praktisch: In zehn Schritten den Text verstehen.* SCM R. Brockhaus, 2015.

Strack, Hermann L.; Billerbeck, Paul: *Kommentar zum Neuen Testament aus Talmud und Midrasch. Bd. I.*
C.H. Beck´sche Verlagsbuchhandlung, 1994.

Walvoord, John F. (Hg.); Zuck, Roy B. (Hg.): *Walvoord Bibelkommentar. AT und NT, 5 Bände.*
SCM Hänssler, 2004.

Wenham, John: *Jesus und die Bibel. Autorität, Kanon und Text des Alten und Neuen Testaments.* Hänssler, 2000.

Wuppertaler Studienbibel Altes & Neues Testament - Gesamtausgabe.
SCM R. Brockhaus, 2012.

Weitere Bücher von Jürgen H. Schmidt

Begegnungen in Peru. Urwaldindianer auf dem Weg ins 21. Jahrhundert.
Norderstedt: Books on Demand, 2015.
- Print-Ausgabe: ISBN: 978-3-7386-2127-3, Paperback, 112 Seiten, Preis: Euro 7,90 (inkl. MwSt.)
- eBook-Version: ISBN: 9783739255538, Preis: Euro 5,99 (inkl. MwSt.)

Basics interkultureller Kommunikation. Bausteine für die Entwicklung interkultureller Kompetenz.
Norderstedt: Books on Demand, 2012.
- Printausgabe: ISBN 978-3-8448-1992-2, Paperback, 144 Seiten, Preis: Euro 11,95 (inkl. MwSt).
- eBook-Ausgabe: ISBN 9783844848427, Preis Euro 9,49 (inkl. MwSt.).

Inzwischen ist auch die spanische Ausgabe von Basics interkultureller Kommunikation erhältlich:
La Comunicación Intercultural. El desafío de la comunicación entre dos culturas.
Norderstedt: Books on Demand, 2014.
- Printausgabe: ISBN 978-3-7322-6381-3, Preis: Euro 9,49 (inkl. MwSt.).
- eBook-Version: ISBN 9783735726094, Preis: Euro 7,49 (inkl. MwSt.).

Weihnachten ohne Jesus? - Den Grund für Weihnachten neu entdecken.
Norderstedt: Books on Demand, 2014.
- Printausgabe: ISBN 978-3-8391-1721-7, Paperback, 64 Seiten, Preis: Euro 4,80 (inkl. MWSt.).
- eBook-Version: ISBN 9783839161104, Preis: Euro 2,99 (inkl. MwSt.).

Glaubensspuren - von Böhmen nach Sachsen. Johannes Hus und Nikolaus Ludwig Graf von Zinzendorf.
Norderstedt: Books on Demand, 2016.
- Dieses Buch ist ausschließlich als eBook erhältlich.
- ISBN 9783734710438, Preis: Euro 2,99 (inkl. MwSt.).

Weitere Informationen finden Sie auf der Autorenseite von Jürgen H. Schmidt: www.jürgenschmidt.net